汤集祥 | 陈新华 | 陈海 | 何坚宁 | 陈林

格Classy调

Interview with
five famous painters

五位知名画家访谈

杨丽萍 _____ 著

中山大学出版社
·广州·

版权所有　翻印必究

图书在版编目（CIP）数据

格调：五位知名画家访谈 / 杨丽萍著. —广州：中山大学出版社，2022.8
ISBN 978-7-306-07458-4

Ⅰ.①格… Ⅱ.①杨… Ⅲ.①画家—访问记—中国—现代 Ⅳ.① K825.72

中国版本图书馆 CIP 数据核字（2022）第 035000 号

GEDIAO: WUWEI ZHIMING HUAJIA FANGTAN

| 出 版 人：王天琪
| 策划编辑：嵇春霞　高　洵
| 责任编辑：高　洵
| 封面设计：林绵华　杨小满
| 责任校对：林梅清
| 责任技编：靳晓虹
| 出版发行：中山大学出版社
| 电　　话：编辑部　020-84110776，84110779，84111997，84113349
|　　　　　　发行部　020-84111998，84111981，84111160
| 地　　址：广州市新港西路 135 号
| 邮　　编：510275　　　　　　　传　真：020-84036565
| 网　　址：http://www.zsup.com.cn　　E-mail：zdcbs@mail.sysu.edu.cn
| 印　刷　者：佛山市浩文彩色印刷有限公司
| 规　　格：787mm×1092mm　1/16　15.75 印张　171 千字
| 版次印次：2022 年 8 月第 1 版　2022 年 8 月第 1 次印刷
| 定　　价：88.00 元

如发现本书因印装质量影响阅读，请与出版社发行部联系调换

海岛光色交响曲
——"格调"五人绘画作品展览述评

Symphony of Island

王端廷[①]

汤集祥、陈新华、陈海、何坚宁和陈林五位画家要在海南省举办一个作品联展，本人荣幸地受邀为展览作序。原本以为这是

---

① 王端廷，1961年生，湖北蕲春人。中国艺术研究院美术研究所外国美术研究室主任、研究员，中国艺术研究院研究生院美术系教授、博士研究生导师，四川美术学院特聘教授，欧美同学会会员，2015年第9届中国美术批评家年会轮值主席。1983年毕业于武汉大学。四次作为国家公派访问学者分别留学于法国巴黎第一大学艺术史与考古学研究院（1997—1998年）、意大利罗马第一大学文学与哲学学院艺术史系（2002—2003年、2010年、2018年）。曾任《中国美术报》编辑记者（1985—1989年），长期从事西方现当代艺术研究和中国当代艺术批评工作，已出版译著《当代艺术》《抽象绘画》、专著《迷狂的独行者——雷蒙·饶可让的绘画艺术》《百年困惑——现代美术》《后印象派》《立体派》《巴黎画派》《静沐西风——西方艺术论说》《西方美术史》《从现代到后现代》《新现实主义》《超前卫艺术》《王端廷自选集》《重建巴别塔——全球化时代的中西当代艺术》等20部。发表论文300多篇。

一个很轻松的任务，毕竟作为一个专业艺术批评工作者，写文章是我的日常工作，因此毫不犹豫地应承了下来。但是，随着对他们的创作的了解越来越深入，我发现要评述这五位在艺坛殚精竭虑、辛勤耕耘数十年并已取得杰出成就的画家及其作品，进而阐明这个展览的特性，并不是一件容易的事情。

"物以类聚，人以群分。"一般来说，既然是一个艺术群展，总要具有一定的共性，那么，"格调"五人绘画作品展的共性是什么呢？

首先，这五位都是生活在广州的海南籍画家，也就是说，这是一个在广州的海南同乡艺术家作品展。海南作为一座孤悬于大陆之外的岛屿，尽管历史上曾长期作为独立的行政区域，但也曾隶属于广东省。这五位画家的出生时间最早是1939年，最晚是1962年。这就意味着，对于这些人来说，不管他们个人是何时移居广州的，他们原本一直都是广东人，海南作为籍贯只是他们后来的身份。

在我国商周时期，也就是古代农耕文明时代，包括两广、云、贵、湘、赣、闽在内的广大岭南地区属于南蛮之地，被看成是经济和文化欠发达地区。但是，作为沿海地区，广东一直是我国航海贸易的重要出入口。自先秦时期开始，广州就与泉州和宁波并列为"海上丝绸之路"的三大港口。清朝之后，随着西方工业文明对我国的强势输入，作为鸦片战争后我国第一批开埠口岸，广州成为东西方文明的重要交会地。近代以来，广东一直充当着左右中国历史进程、引领中国社会进步的先导角色。改革开放时代的广东更是以开拓进取、敢为天下先的姿态,对中国现代化事业起到了巨大的推动作用。

常言说,"一方水土养一方人"。对于一个地方的居民来说,自然地理条件是决定其生活方式乃至文化观念的主要因素,而行政区划则不那么重要。毫无疑问,广东和曾经作为广东一部分的海南,在文化和地理上都有着极大的共同性。也就是说,不管是作为原籍广东人,还是作为现籍海南人,这五位艺术家都有着相同的地域文化背景,甚至他们的口味即饮食习惯也都彼此相近。

其次,这五位艺术家都是广州美术学院的毕业生,其中三位后来成为该校教授。他们有着相同的艺术教育背景,虽然在该校就读和毕业的时间有先后,但我们知道,自中华人民共和国成立以来,整个中国的美术教育制度、教学观念和教学方法都是以写实主义为圭臬,以素描写生为基础。尽管这一套美术学院教育体制至今仍未改变,但在改革开放前后,中国美术界的创作观念仍然具有非常显著的差异。有人说,改革开放带来的思想解放和观念更新使得整个中国艺术界不同年龄层的艺术家变成了一代人,因为他们同时接受了西方现当代艺术观念的洗礼。这种艺术观念的核心是独立和自由,它带来的是艺术风格的多样化和个性化。这种观念和风格上的特征在这五位艺术家身上得到了充分的体现。

19世纪法国著名历史学家和艺术批评家伊波利特·阿道尔夫·丹纳(Hippolyte Adolphe Taine, 1828—1893)将种族、环境和时代视为决定文化和艺术的三大因素。在《艺术哲学》一书中，他深刻地论述了自然和人文等外部环境对艺术的影响，甚至将外部环境与艺术的关系比作气候和土壤与植物的关系，指出有什么样的气候和土壤，就会长出什么样的植物。他说："环境与艺术既然这样从头至尾完全相符，可见伟大的艺术和它的环境同时出现，决非偶然的巧合，而的确是环境的酝酿，发展，成熟，腐化，瓦解，通过人事的扰攘动荡，通过个人的独创与无法逆料的表现，决定艺术的酝酿，发展，成熟，腐化，瓦解。环境把艺术带来或带走，有如温度下降的程度决定露水的有无，有如阳光强弱的程度决定植物的青翠或憔悴。"[1]丹纳的理论似乎有抹杀艺术家的主观能动性而陷入"客观环境决定论"泥淖的嫌疑，但是，环境和时代等外在条件对艺术家及其创作的巨大影响是毋庸置疑的。

由于共同生活在"开风气之先"的广东，又同时受到改革开放时代精神的感召，这五位艺术家有着追求创新、表现自我的共性，但在艺术题材、主题和风格上，彼此之间又存在着巨大的差异，正是他们之间这种既统一又多样的艺术特征，构成了这个展览的特性和价值。

以下分别对五位艺术家的艺术成长、风格特点和艺术成就做一简要评述。

---

[1]　[法]丹纳著，傅雷译：《艺术哲学》，人民文学出版社1963年版，第144页。

汤集祥是五位参展艺术家中最年长者，生于1939年，原籍海南琼海。相对于大多数艺术家来说，他的艺术之路颇有些传奇色彩。汤集祥天资聪颖，勤奋好学，1957年考取武汉大学法律系。可是他从小喜欢绘画和书法，法律专业非他所好。于是，在攻读了一年的法律后，他于1958年从武汉大学退学，考进了广州美术学院版画系。这一任性之举一方面证明了他对美术的挚爱，另一方面也显示了他自由主宰自己命运的意志和勇气。这样的意志力和天赋成为他日后在美术事业上获得成功的先决条件。在广州美术学院就读期间，除了刻苦钻研各门专业课程外，汤集祥还显示出在文字写作方面的才能，在《羊城晚报》发表文章。对于一个美术专业在读大学生而言，这样的创作行为是令人称赞的。事实上，汤集祥后来一直保持着写作的爱好，在美术创作之外，总计发表、出版了50多万字的美术评论著述。1962年大学毕业后，汤集祥被分配到佛山民间艺术作坊从事木刻年画和剪纸创作与研究工作，后来又转到佛山文化馆从事宣传和美术普及工作。1978年，被借调到岭南美术出版社筹办《画廊》杂志。一年后调入广东画院，并于1988年被任命为该院副院长。

汤集祥的成名作是1973年与余国宏合作完成的油画《耕海》。汤集祥发挥构图优势，余国宏展现色彩特长，两人各显其能，相得益彰，共同描绘出一幅渔民在浅海滩驾驶拖拉机耕海牧渔的劳动场景。画面构图宏阔，数辆拖拉机错落有致，大群姿态各异、上下翻飞、正在抢食鱼虾的海鸥占据了画面的前景，使得画面充满了澎湃的激情和蓬勃的生机。海水则由黑、蓝、灰三种颜色（被拖拉机翻耕后的海水由于淤泥泛起而呈黑色，中景是蓝色的海面，远景则是阳光反射下泛白的水光）组成。在那个美术创作以"红光亮"革命题材为主旋律的特殊年代，《耕海》以灰色调为主，注重形式趣味，犹如一首优美的抒情诗，别具一格，令人耳目一新。该作品被中国美术馆收藏，副本被中国历史博物馆和中国驻法大使馆收藏。

汤集祥的另一件代表作是1982—1984年创作的国画"五指山沧桑"系列，该系列由《旧中国一桩真事实》《刀耕火种》《石破天惊》《摇篮曲》《出嫁图》和《合家欢》六幅作品组成，作品以海南黎族的历史事件和现实生活为题材，描绘了几个典型的黎族人的生活场景，其中几件作品的风格——拉长的人体造型、对称性构图、平面化的背景和装饰性趣味令人联想到1979年袁运生创作的北京首都机场壁画《泼水节》和20世纪80年代初"云南画派"的画风。我们知道，以首都机场壁画和"云南画派"为代表的装饰主义是改革开放后我国艺坛第一个背离社会现实主义的先锋艺术流派，为此后轰轰烈烈的"'85美术运动①"开辟了道路。该系列作品中的《旧中国一桩真事实》和《石破天惊》双双入选1984年"第六届全国美术作品展"，前者获铜奖，后者获优秀作品奖，均被中国美术馆收藏。

---

① "'85美术运动"是指20世纪80年代中期中国出现的一种以现代主义为特征的美术运动。当时的年轻艺术家不满于美术界的"左"倾路线，不满于苏联社会主义现实主义的美术窠臼和传统文化里的一些价值观，试图从西方现代艺术中寻找新的血液，从而引发了全国范围内的艺术新潮。后文所说"85新潮"也指此次美术运动。

由于工作的变动和需要，又由于自己不懈进取的精神，汤集祥的创作涉猎了包括版画、油画、国画、连环画、宣传画、插图、剪纸和雕塑在内的几乎所有美术门类，在题材上无所不包，在手法上无所不能。由于艺术创作上的变化多端，他在我国美术界获得了"百变汤集祥"的美称。近年来，汤集祥将艺术创作扩展到一个他自称为"字象"的新领域。他将汉字作为形象引入画面，更确切地说，是以字或书的结构入画，通过空间的营造、人物和景物的穿插以及虚实的搭配，创造出一个独一无二的绘画样式。我们知道，汉字起源于象形文字，至今仍有一些汉字，尤其是繁体字保留了其由自然物象简化提炼的痕迹。汤集祥将这些汉字还原为自然形象，并作为绘画的对象，这样的作品既有中国传统绘画的品格，而其挪用汉字的做法，又契合了当代观念主义艺术的语境，令人称赞。

汤集祥说："我画画的特点是变，喜欢变化，有人叫我'百变汤集祥'，我不喜欢老是去画一样东西。思维要变，但心要静。当今世界需要禅的意境，需要一个静的内心世界。画可能是静的，但思维是动的，心静画动。"在汤集祥看来，艺术就是一种随心所欲、自由自在的游戏。如今，已是耄耋之年的他仍然走在求新求变的艺术探索之路上，永不停歇。

陈新华是共和国的同龄人，他父亲给他取的名字就显示出了这一特定的时代标记。他生于海南万宁，自幼痴迷绘画。上初中时，他就搜寻到并攒钱购买了钱松嵒的《砚边点滴》和吕凤子的

《中国画法研究》。这两本书对他来说是如此重要——不仅是他绘画的启蒙老师，而且影响了他的人生选择，以至他至今仍将其完好无损地保存在身边。1972年，陈新华以优异的成绩考入当时的广东省人民艺术学院（今广州美术学院）。1975年毕业后，他被分配到广东省工艺美术学校任教。1979年，他考入广州美术学院国画系山水研究班。1982年毕业后，他留在该校国画系任教，从此踏上了中国山水画教学和创作之路。

作为一个用毛笔和宣纸来创作的画家，陈新华的艺术似乎是建立在中国传统绘画基石上的，吕凤子在《中国画法研究》中所主张的"绵里藏针，力不外露，骨法用笔，中锋用笔"成为他一直信守的笔墨技法标准，但他的创作与中国传统绘画的联系也仅仅到此为止。实际上，陈新华完全抛弃了中国传统山水画皴擦点染等各种笔墨程式，也背离了古代山水画"卧游""畅神"和"寄情林泉"之类的审美趣味。他不仅抛弃了按画谱作画的"旧传统"，甚至也与近代之后建立的中国绘画"新传统"，即徐悲鸿从西方古典主义移植过来的以素描为基础的"写实主义"创作方法和观念背道而驰。对他艺术观念的形成起到决定作用的是"'85美术运动"所倡导的西方现代主义思潮，更确切地说，是以塞尚为代表的形式主义法则。

陈新华在《画语录》一文中阐述了自己的艺术主张："绘画艺术的根本目的，不是图解客观事物或阐明思想理论，而在于传达某种审美意识。因而绘画的本质内容，应该是画家在作品中倾注的审美认识与情感。至于题材，与点、线、面、色等因素一样，只是一种借托物。在写实绘画中，两者一体构成作品的外观形式。前者为形式构成的具象因素，后者为抽象因素，两者共同为审美内容服务。"①

陈新华也许是这五位海南籍艺术家中最具有海南地域特色的画家，因为他的大部分作品的题材取自海南岛。不同于外地艺术家来琼浮光掠影式的采风写生，对于出生于海南农村的陈新华来说，海南岛的各种热带植物和海洋动物与他儿时的生活息息相关，家乡的一草一木已经深深地铭刻在他的记忆里，甚至融入他的灵魂，令他百画不厌。然而，我们不能仅从题材就认定陈新华的创作属于地方风情画，因为海南风物固然是其绘画的一大特色，但更具创造性的是他的创作手法。

按照我国美术界固有的艺术分类标准，陈新华被称为国画家，他的创作可分为山水画和花鸟画两种类型。但在我看来，他已经打破了山水画和花鸟画的分科标准（他所谓的山水画更应该称为风景画，而所谓的花鸟画只是自然景物的特写），也超越了国画和西画，即水墨画和油画的界限，甚至可以说，他是用毛笔、水墨和宣纸材料来画油画，因为他的视觉观念和造型手法完全取法于西方现代主义绘画。从色彩角度来看，陈新华的绘画又分为两种样式——非色彩的水墨样式和非水墨的重彩样式，但无论水墨还是重彩，他所有的作品在构图上都有一个显著的共同特点，那就是不留空白的"满构图"画面。为了制造出这种铺天盖

---

① 陈新华：《画语录》，见许晓生主编《大家讲堂·陈新华花鸟卷》，安徽美术出版社2011年版，第2页。

地的"满构图"效果，陈新华采用了俯视视角，因此，他的很多作品给人一种从天空俯瞰大地的视觉感受。或许也可以这样说，正是因为陈新华采用了俯瞰视角，所以他的许多绘画才呈现出"满构图"效果。除了"满构图"之外，陈新华的作品在画面局部细节上还具有密不透风的"密集"特征。按照陈新华自己的说法，因为海南岛树木繁茂，很多植物都长成一簇簇的绿团状，因此不能按照画谱中画树的方法来描绘。他总是不厌其烦地刻画植物的每一个细节，因此画面上布满了密集的笔触，加之他的重彩作品采用的是不透明的丙烯颜料，使得他的绘画呈现出油画的质感、体积感和厚重感。尺幅巨大是陈新华绘画的又一个重要特点，他喜欢画大作品，很多作品的长度达到了十几米甚至二十多米。饱满的构图、密集的细节、厚重的质感和巨大的尺幅，创作这样的作品该是多么艰巨的劳作和多么浩大的工程，而正因为有超乎寻常的毅力和进取心，陈新华才取得了令人瞩目的艺术成就。

需要特别强调的是，陈新华的绘画是具象的，但并不是写实的。他服膺后印象主义和抽象主义艺术观念，或者说，他的绘画是西方现代形式主义与中国画结合的产物。与其说他的绘画是客观的再现，不如说是主观的建构。也就是说，相对于客观对象的呈现，他更注重绘画本体的完善，希望表达一种永恒的绘画本体之美。在他眼里，客观对象只是画面的构成元素，可以被任意取舍、剪裁和重构，其创作的最终目的是要创造一个具有独立形式价值的审美客体。正因为如此，他的许多作品具有半抽象性质。

陈新华的绘画所拥有的"满、密、厚、重、大"等反传统中国画的特征，都是他追求的审美趣味。相对于传统中国画的虚淡空灵，陈新华的绘画可谓十足的离经叛道、脱胎换骨。

著名艺术批评家杨小彦指出："陈新华独特的一点是，他既不去认同传统标准所组成的链条，心甘情愿地成为这链条中的一环，也绝不随波逐流、标榜时髦，他只忠实于自己的审美意识，只关心'我'究竟怎样才能是'我'而不是'他'。为了寻找到自己的形式语言，他不停探索，不断进行试验，有时甚至于耿耿于怀自己的'技术发明'，他很巧妙地将某种技巧衍化扩大铺染成篇，给人一种视觉的惊喜。所谓矫枉过正，在他这里表现得真是充分——只那么几种渲染的技术，只那么几下密密的碎笔，只那么几块浓重的色彩，在别人都只是用用而已，在他却用尽用透用到没法让别人再去用为止，这样自己就出来了，以一种新面貌站在人们面前。他这种长期艰辛地'熬'出来的画风，给看惯那种'逸笔草草'信笔涂鸦者一种警醒，真正的艺术毕竟是与努力探索分不开的。"

陈新华先后以《雨林奇》《乡土》和《吾乡吾土》先后参加1989年第七届、1994年第八届和1999年第九届全国美术作品展。其中，《乡土》荣获"第八届全国美术作品展"优秀奖并被中国美术馆收藏。

陈海1953年生于海南海口市一个知识分子家庭，祖籍文昌。像绝大多数画家一样，他从小就表现出对绘画的极大兴趣。这兴趣一半是自发的，一半则来自他的叔叔陈绕光和婶婶李秀的指引。叔叔和婶婶是云南艺术学院的教师，回家探亲时给陈海和其他家人画过素描肖像。对那个年代的孩子来说，绘画的神奇不亚于魔术，吸引力之大可想而知。带着这一强烈的兴趣，1972年高中毕业后，陈海得到父亲的支持，前往昆明随叔叔学画，历时三年之久。在叔叔的指导下，陈海白天在户外写生，晚上在家里画石膏像。三年时间，他完成了2000多张习作，从而练就了全面而又扎实的绘画基本功。凭借这一技艺，陈海1975年从昆明回到海南，在海口椰雕工艺厂工作了近三年时间。在此期间，他保持着户外写生作画的习惯，足迹遍及海口的各个角落。在我看来，他当时创作的那些风景油画作品已经相当成熟、相当完美了。1977年，我国恢复高考，陈海抓住机会，以海南考区第一名的成绩考取了广州美术学院油画系。

由于已经受过较系统的绘画专业训练，并积累了较丰富的实践经验，作为大学生的陈海很快在同学中脱颖而出，引人注目。他的石膏素描习作《阿里斯托芬》完成后，随即经由广州美术学院院长郭绍纲推荐，被浙江美术学院学报《新美术》刊载，后又被收录入天津美术出版社出版的《素描丛刊》中，成为美术专业大学生学习素描的范本。在大学期间，陈海还获得了一个绰号——"海南小太阳"。这是因为陈海从小生活在海南，蓝天白云和灿烂的阳光已经深深地印在他的脑海里，通过调色板和画笔反射到画布上，所以他的作品总是色彩明亮、光感强烈，具有油画的印象主义色彩特征。大学时代这两个事例反映出陈海具有两方面的艺术潜质和两个可能的发展方向。西方艺术史上安格尔与德拉克洛瓦关于素描与色彩孰优孰劣的旷世论争，并不是说其中一个可以取代另一个，而是证明两者有着不同的艺术表达功能。人们公认，素描长于再现，更能体现理性；而色彩长于表现，更适合抒情。尽管陈海拥有素描和色彩的双重技能，但在后来的绘画创作中，色彩却是他最为倚重的艺术语言。实际上，陈海的艺术经历了从印象主义到表现主义，再到抽象表现主义的演变。这是一条用色彩铺就的艺术之路，而背后潜藏着他的艺术表达从客体到自我、从外在形貌到内在真实的深刻巨变。

1981年，陈海大学毕业后被分配到佛山市文化局工作，两年后参与创办佛山画院并成为该院专业画家。那是陈海第一个创作高峰期，他也于1985年完成了他的成名作，即"黎族婚礼"系列，该系列作品共20幅，呈现了黎族婚礼过程中的不同场面。其中，《出嫁》于1987年代表中国参加了"阿尔及尔世界文化艺术荟萃"展览，并获中国造型艺术集体金奖。该系列作品打破了少数民族风情画的既定模式，抛弃了这类题材惯有的装饰性趣味。由于当时正值"'85美术运动"风起云涌之际，西方各种现代艺术流派如潮水般涌入我国画坛，受到年轻艺术家的大力追捧，陈海于是听从自己的内心需求，将表现主义确立为自己的艺术风格。"黎族婚礼"系列作品那简化的形象、强烈的色彩、狂放的笔触和骚动的激情充分显示了表现主义绘画的特点。

1986年，陈海调回母校广州美术学院任教，先是在版画系，1991年进入油画系直到退休。

1989年，陈海创作了一幅名为《困惑》的作品，虽为油画，却具有拼贴画的特征。画面以平涂的方式描绘了几幅世界艺术经典作品的碎片，其中，以安格尔的《大宫女》为主体形象，具有波普艺术的特征。这幅作品反映了当时陈海寻求突破的彷徨和焦虑的心态。

从20世纪90年代开始，陈海将裸女作为主要题材，创作了大量以"状态"为题的系列作品，画中的裸女姿态各异，但多为背影，且面容模糊。这些裸女有的像幽灵一样在画中穿行，更多的是像岩石一样伫立在色彩的瀑布前。杨小彦将陈海的这类作品解释为"风景人体化，人体风景化"，指出："在陈海看来，女人体是风景，风景也是女人体，其中的差别只在于程度。女人体是关于身体的一组明喻，是对身体的直接述说，而风景则是隐喻，内藏让人遐想的、没有确切意义的审美指向。"[①]在我看来，陈海的"状态"系列作品既不是表现对女性美的歌颂，也不是表达自己对女性的爱欲，更不是传达母性和繁衍之类的象征寓意，而是一种主客同构的生命状态的呈现。作为风景，它们不是外在于艺术家的客观对象，而是艺术家自我生命的真实景象。陈海的"状态"系列作品越到后来，画中的人像越趋于简化和抽象化，以至最终消融在色彩的背景中。除了油画之外，该系列还包括数量宏富的素描和水墨作品。在一个相当长的时期，这类速写性的作品就像一个孤独者的自言自语，成了陈海记录自我生命状态的图像

---

① 杨小彦：《风景人体化与人体风景化》，见吕澎主编《陈海作品选》，中国美术学院出版社2013年版，第8页。

日志。

20世纪90年代，陈海两次获得赴西方访问和考察的机会。第一次是1993年随广东省美术家代表团访问美国，参观了纽约、华盛顿、洛杉矶和夏威夷等地的艺术博物馆，访问了各地的艺术家工作室；第二次是1996年应法国巴黎国际艺术城主席布鲁诺夫人的邀请，赴该艺术城进行了为期七个月的研修，并借机考察了整个欧洲的艺术现状。这两次出国考察对陈海后来的艺术发展产生了巨大的影响，因为他在欧洲研习了塔皮埃斯的非形式主义和基弗的新表现主义艺术，正是这两位艺术家将陈海的表现主义艺术引到了一个更深邃、更博大的精神领域。

进入21世纪之后，陈海告别了具象绘画，而进入了一个可以称为抽象表现主义的新天地。"楼兰夜话"系列作品是这一风格的代表性成果，从题目看，该系列作品有现实世界的蓝本，而陈海也的确拜访过位于新疆罗布泊的楼兰古城，并被那里的景观所震撼。但正如他自己所说："不能说因为我去过楼兰，我画的就是楼兰这个特定的地方，我没有特指一个具体的地方或者东西，我只是借用一个真实的名称和地名，这些都是真实的、存在的，我的心也是真诚的，但是我的画面是抽象的，你看不出这是东海还是南海，但是我想表现的是我对母题的一种真实感受和理解表达。"实际上，陈海只是借用楼兰古城的废墟景象来表达他对人与自然之间的关系以及人在世间存在状态的思考、对生态环境日益恶化的忧虑。如今的世界看似繁华，强大的工业化生产力可以满足人们极度膨胀的物质生活欲望，然而，这个世界上很多物质财富都建立在人类对自然过度掠夺和对资源疯狂占有的基础之上。山河已是满目疮痍，不再是海德格尔笔下那片可以诗意地栖居的大地。这些作品大多采用上下两段式构图，仿佛是天空与大地的合影，而那条地平线在每一幅画中都有上下变动，观众似乎能看到艺术家在天地间俯仰凝视的姿态，感受到他起伏的心境。在我看来，作为一种抽象的画面，陈海作品中描绘的废墟泛指所有的荒芜，它是自然的荒漠，也是文明的遗迹，抑或是生命的残骸，更可能是艾略特诗歌中哀悼的人类精神的荒原。

一开始，陈海喜欢用克莱因蓝即钴蓝描绘天空，从而让作品带给人以异常深邃和宁静的视觉感受。稍后，他越来越多地将咖啡渣、布块、铁丝、宣纸和黏土等各种非绘画材料应用在创作中，而将色彩的应用降到尽可能低的程度，以此制造出粗糙的质感和粗糙的肌理，形成真实可感的废墟景象，从而强化作品的主题和寓意。

陈海的"楼兰夜话"系列作品融合了塔皮埃斯与基弗两位艺术家的艺术品质：塔皮埃斯给了他艺术语言上的启示，让他突破了既有绘画材料的局限，通过综合材料的运用，他的艺术表达能力得到了提高；而基弗则更多是拓展了他艺术表达的维度，让他将艺术主题从个人内心世界扩大到历史变迁、文明兴衰和人类存亡这样一些具有普适性和终极性的命题。

为了寻访那些动人的风景，陈海将自己变成了汽车发烧友和走遍世界的旅行者，他经常驾驶越野车出行，不仅去过新疆的戈壁沙漠，还去过西藏荒凉的无人区。他的足迹踏遍世界四大洲，甚至造访过北极。他说："我喜欢各种自然风光，比如雪山、湖泊、沙漠、大海，也非常喜欢北极、罗布泊、阿尔金山无人区的感觉。我会开着车在西藏游走二三十天，常常是在草原上、雪地上搭帐篷，体验自然的荒凉之美，也在车上仰望星空，感受宇宙的浩瀚无垠。"

对于陈海的艺术，杨小彦写道："整整30年，陈海从来没有离开过广义的风景写生这个领域。只是，在实践中，陈海逐渐把'风景'和'写生'拆分开来，构成日后两个影响其创作方向的关键所在。……为了达到结实的质感，陈海在风景描绘中常常做种种色层的实验，甚至肌理的实验，以求简单中见复杂，或复杂中见简单。事实上，天与地是两个明确的具体概念，同时又是内心中视觉仰望的无尽由来。天的变化与地的起伏共同构成了一组没有解释尽头的修辞语汇，而停留在这修辞语汇的核心则是天地之间的交错。这才是陈海风景的主题，一个完全抽象的主题。"[1]

眼下，"楼兰夜话"系列仍在延续，陈海没有停止对生命价值和宇宙本质的探寻和追问，应该说，这是人类永恒的课题，没有答案，只有追问。对于艺术家来说，创作即追问，追问即意义。

何坚宁1960年生于海南琼海，4岁时随父母迁居海口。出于对绘画天生的爱好，他在中学时开始自学绘画，并显示出极高的

---

[1] 杨小彦：《风景人体化与人体风景化》，见吕澎主编《陈海作品选》，中国美术学院出版社2013年版，第3、第7页。

天赋。15岁时，他拜海南知名画家关则驹为师，算是开始了正规的绘画训练。1977年，在琼中黎母山林场当知青的何坚宁赶上了"文革"后我国恢复的第一次高考，幸运地考上了广州美术学院油画系，并与海南同乡陈海成为同班同学。

在大学期间，何坚宁被同学们称为"海南高更"，这是因为他的调色板带着海南岛的阳光，画出的作品色彩极为强烈，并且采用大片原色平涂的方式，颇有高更绘画之风。除此之外，他当时还显示出另一个特点，就是下笔果决，不假思索，作画异常迅速。一个有说服力的例证是，大学期间，全班同学赴长江三峡采风写生，他是同学中画得最快的人，画得最多时，他一天竟能完成11幅50厘米×40厘米的油画，而且在景物、构图和色调上件件有别，互不雷同，令同学们赞叹不已。

1982年大学毕业后，何坚宁被分配到广州幼儿师范学校任教。十年间，在教学之余，他刻苦创作，完成了大量作品。他不仅频繁参加国内外的重要展览，而且多次获奖。例如：1984年，他的作品《海南风情》获"广东省美术作品展览"一等奖，并入选当年"第六届全国美术作品展"；1987年，他的作品《故乡梦》参加"阿尔及尔世界文化艺术荟萃"展览，并获中国造型艺术集体金奖；1989年，他的作品《五月》获"广东省建国四十周年美术作品展"优秀作品奖，并入选同年"第七届全国美术作品展"。1991年，带着这些荣誉，何坚宁调入广州画院，如愿以偿地成了一名专职画家。

何坚宁的早期绘画以风景为主，他从不选择名胜古迹作为对象，而只描绘海南和广州的寻常景物。何坚宁有着崭新的绘画观念，对他来说，不存在选景或题材问题，满眼皆对象，可见之物皆可入画。对象就是色彩，色彩就是光，构图就是色彩的平衡。题材只是构成画面的引子，绘画是与客观对象无关的独立存在，是线条和色彩在画面上的主观安排。他几乎不在调色板上调和颜料，而是直接用原色和纯色在画布上平涂作画。这样一种形式主义绘画观念主导了他的艺术创作方向，并且让他的绘画最终走到了纯抽象的境界。

1993年，一场大病突如其来，经过数年的治疗和休养，身体才得以慢慢康复。在治疗和康复期，何坚宁仍然顽强地坚持创作，但创作效率和质量显然不在正常状态。何坚宁真正完全恢复到病前创作状态，甚至开始有新的突破是在新世纪之后。此时，他的风景画放弃了早期那种有着明确形体轮廓线的平涂式造型方式，改用自由挥洒、大笔涂抹手法作画；虽然能依稀辨认出画中的景物，但所有的细节都融化在色彩的波涛之中。除了风景，他还画过一组女人体，但很显然，像其他任何题材一样，女人体也只是色彩的依托，再现仍然不是他的目的。这是何坚宁画作的半具象或半抽象时期，带有鲜明的表现主义特征，带给人们的是狂放的激情和强烈的愉悦。

在治病休养期间，由于好友陈林的引导，何坚宁邂逅了西方古典音乐，从此一发而不可收，成了狂热的西方古典音乐迷和CD、黑胶唱片、音响设备发烧友。20多年来，他共收集CD3000多张，黑胶唱片近28000张。内容也从莫扎特、贝多芬、肖斯塔科维奇和柴可夫斯基等古典音乐名家的作品，逐渐扩展到爵士乐和流行曲。他现在拥有世界顶级音响12套。他的画室也是音乐播放厅，只要在画室，无论作画、休息还是会友，他都沉浸在美妙的音乐之中。他说："绘画是我的生命，音乐使我的生命更饱满、更快乐。"

有人说，疾病让何坚宁的绘画风格发生了根本性的转变，这就是从具象到抽象的蜕变。在我看来，他的绘画风格的演变是其根深蒂固的形式主义艺术基因决定的，是他的绘画自身合乎逻辑发展的结果。如果说有一个外因带来了这种转变的契机，促成了转变的出现，那不是疾病，而是音乐。也就是说，音乐才是何坚宁抽象绘画风格产生的催化剂。

我们知道，音乐与抽象绘画有着密不可分的关系。在抽象艺术之父康定斯基看来，音乐是"听得见"的抽象绘画，而抽象绘画是"看得见"的音乐。在他著名的抽象艺术纲领性著作《论艺术的精神》中，康定斯基就对音乐与抽象绘画的相通性给予了充分的论述。他还将不同色彩与各种乐器进行类比，将抽象绘画看成是色彩的节奏、旋律和和弦的产物。康定斯基写道："黄色具有不断向上'超越'，从而达到使眼睛和神经均无法承受的高度的能力；而由一支喇叭所发出的声音也能变得越高越'尖锐'，以至于刺痛耳朵和神经。而蓝色，则具有和'超越'截然相反的力量，它把眼睛引向无限的深度，因而发展出了类似长笛般的声音（当淡蓝的时候）或低音大提琴的声音（当深蓝的时候），以及宽厚低沉的双重贝斯声；在弹奏风琴的低音键盘时，你能'看见'深深的蓝色。绿色非常接近小提琴纤弱的中间音调。而红色（如银珠）当使用得当时，它给人以强有力的击鼓印象。"①

从2010年之后，借助音乐的力量，何坚宁的绘画完全摆脱了具象的羁绊，进入了纯抽象的世界。他的抽象绘画作品统称为"阳光"系列，他完全采用光谱色作画，尤其偏爱明亮鲜艳的柠檬黄、朱红、草绿和乳白色。他的抽象绘画是"看得见"的音乐，而且他总是把色谱定在高音区，让画面始终回荡在最响亮、最激越的音域之中，强烈地刺激着观众的视觉，令人的神经和精神亢奋，以至达到晕眩的程度。很少有画家像何坚宁那样铺张而又放肆地使用颜色，他的作品不是"画"出来的，而是"塑"出来的，画面厚实的颜料显露出轻快旋动的笔触，每一个细处都迸发出蓬勃的生命活力。虽然何坚宁的抽象绘画给人的感觉是那样的酣畅淋漓，但画面的结构又那样的和谐均衡，散发着西方古典音乐般的庄重、优雅和高贵的气息。相对于中国抽象画坛大量的中式抽象画风，何坚宁的抽象绘画具有极为纯正、极为地道的品质，因此深受西方观众的喜爱。何坚宁多次应邀赴法国举办个展，两幅抽象作品被法国总统府收藏。

法国艺术批评家杰拉德·古希格拉（Gerard Xuriguera）写道："何坚宁的轨迹从来都是不平凡的，在他的作品中，巨大的爆炸分隔开不同的区域，战栗的世界随着人类的情感在呻吟，是多么强大的想象力和创造力。……对于这位广州艺术家来说，

---

① [俄]康定斯基著，查立译：《论艺术的精神》，中国社会科学出版社1987年版，第96页。

绘画和土地是密不可分的，而这两个因素的结合也更增强了这一心理情感的乐章。最后，很明显，压抑的形象和被撞击的岛屿，展示着抽搐的表面，和中国画的平静背景形成了强烈反差，表达出这种体系的常态：极速的手势，身体的自由运动，大胆的用色方式，材质的细微区别，笔触的丰满，一切都构成了紧张而生动的语言。这是一种独特而自发，亲切而喧闹，充满阳光与活力的风格的结晶，何坚宁的作品不是对生活的回应，而就是生活本身。"①

  陈林1962年生于海南乐东，7岁那年因父母工作调动，举家迁居五指山市。小学时，陈林表现出良好的运动天赋，被海南黎族苗族自治州体校选拔为运动员，在该校打了四年羽毛球。由于受伤断送了成为职业运动员的前程，他开始发展自己的另一个爱好，这就是绘画。凭着过人的聪慧，几乎是在仅靠自学的情况下，陈林于1981年考入广州美术学院国画系。大学期间，他的石膏像素描作品《拉奥孔》发表在当年全国高校杂志《素描》上，还在《南方日报》《海南报》和《花城》杂志上发表了大量国画作品。青春年少时就取得了如此卓越的成绩，陈林被同学们称作"小星星"，并且被广东美术家协会推荐举办了名为"星河展"的个人展览。

  1985年，陈林大学毕业并留在广州美术学院教育系任教，

---

① ［法］杰拉德·古希格拉：《何坚宁的画》，见艺海堂美术馆编《南方油画名家·何坚宁》，岭南美术出版社2014年版，第163页。

主要讲授花鸟画技法。对于从事教学工作的艺术家来说，往往要面对教学与创作之间的矛盾，因为美术教育的职责是传授既有的美术知识和创作经验，而创作的目的是创造新的艺术成果。从某种程度上说，一门技术一旦成为美术学院的课程，就意味着它已然过时，沿用这样的技术很难让人成为有建树的艺术家。对于这样的矛盾，陈林深有体会，并努力通过自己的创作实践化解了矛盾。事实上，中国画坛很多成功的艺术家都有教师身份，而这类艺术家之所以能够成功，首先是因为很好地处理了教学与创作的关系，即他们既能给学生传授前人的知识经验，自己又能突破既有的陈规，创作出超越前人的新作品。

陈林的创作以花鸟画为主，兼擅山水画、人物画、书法和篆刻。他的花鸟画既有传统笔墨趣味，又有现代审美品格。陈林几乎抛弃了梅、兰、竹、菊等传统的花鸟画题材，只描绘日常所见的植物花卉，尤其偏爱椰苗、椰树、椰果和菠萝蜜等海南家乡风物。因此，他的作品剥去了传统花鸟画所具有的托物言志和以物比德的象征含义，而只表现植物花草本身的生命活力。他不再依据画谱的技法程式作画，不像古代花鸟画那样只是呈现花卉的常形，而是以实证的眼光和写生的手段作为创作的基础。他的花鸟画多采用正方形满构图布局，实际上，这是摄影的取景方式，其画面呈现的是大自然的局部特写镜头。按照既有的花鸟画分类标准，陈林的花鸟画大致可以归入写意一类，但又与古代写意花鸟画大异其趣。虽然陈林具有比较强烈的传统绘画情结，注重笔墨语言的锤炼及其表现力的发挥，但在笔墨之外，他的绘画也运用了来自西方写实主义绘画的光色、空间和体积等造型语言。在画面形象的处理上，陈林的作品往往主次分明、虚实有别。对于花朵，特别是花蕊部分，他总是加以细致刻画，而对于枝叶，则采取大刀阔斧、肆意挥洒的笔墨手法，使其与背景融为一体。因此，他的花鸟画作品总是给人以气势磅礴、酣畅淋漓的视觉印象和心理感受。1989年，陈林的两幅作品《晨露》和《椰风》入选"第七届全国美术作品展"。其中，《晨露》描绘的是早晨阳光下的荷花，荷叶和花瓣上的露珠在阳光映照下晶莹剔透，整个画面生机盎然，动人心弦；《椰风》被选入海南省中学生美术课本。这两幅作品体现了其花鸟画的典型特征。

陈林还创作过大量的山水画，曾以花鸟画的没骨法画过一批人物和女人体作品，但他进行这些实验是为了丰富和完善他的花鸟画创作语言。他说："画来画去我的最终目的还是想画花鸟画，我觉得有花鸟的世界才是最美好的世界。在花鸟画这个题材里寻找一个理想的天地，是我始终坚持做的。不管是去画人物还是画山水、写书法，我始终围绕着花鸟，我觉得花鸟的天地里面太丰富了，而且也很美好。"陈林努力尝试将其他门类的绘画语言融入花鸟画的创作，例如，将山水画的皴法用于花鸟画的植物叶片和画面背景的塑造，使得作品更加饱满厚实，有着西式油画的质感和体积感。近年来，陈林的花鸟画语言变得越来越单纯、越来越质朴，不像早期作品那样比较多地采用彩墨，而基本上只使用水墨，用墨色来提炼画面。

陈林在艺术上是一个多面手，在艺术之外是一个"生活百事通"，他对音响、汽车、相机、足球、装修和黄花梨家具等无所不知。作为"音乐发烧友"，他还把好友何坚宁也变成了音乐和音响的超级爱好者。陈林兴趣广泛，多才多艺，性格豪爽，乐于助人，是朋友们有求必应的"智多星"。有人说，艺术家首先应该是一个热爱生活的人，陈林用他的言行很好地诠释了这一点。

迄今为止，前后算起来，这五位画家的艺术创作生涯已经跨越了半个多世纪，他们的艺术是这50多年中国艺术演变的缩影。他们每个人都敏锐地感应时代跳动的脉搏，以自己的热诚和智慧为中国艺术的发展做出了贡献。时代造就了他们的艺术，他们也通过自己的艺术成就证明自己无愧于时代。

作为海南籍画家，他们每个人都以各自的方式显示自己的绘画与故乡的血脉联系。将家乡的风物作为绘画创作的题材是他们共同的选择，特别是在他们的早期绘画中，家乡的一山一水、一草一木成为他们表达思想观念和寄托思乡之情的载体，人们可以从那些作品中感受到作者热爱家乡的深深情愫。虽然，在后来的创作中，他们都将绘画题材扩展到更广阔的领域，有的甚至走出具象艺术，进入了抽象绘画的世界，但海南岛灿烂的阳光早已塑造了他们的视觉感知定式，转换成了强烈的色彩造型语言，铸就了他们抽象绘画的面貌和品格。海南是他们的艺术之根，是他们艺术人生的起点；他们从那里起步，走向越来越辽阔的艺术世界；他们的视野从故乡的山川草木逐渐扩展到人类的普遍关切，创造出越来越伟大、越来越精湛的艺术成果。

这次五位游子带着他们精心创作的优秀绘画作品回故乡举办展览，以此回报桑梓。这个群展是一首激越的海南光色交响曲，它将给画家们的家乡父老带来感知和精神的美好享受。这是一个品质高超的艺术交流活动，也是一个找回童年时光的寻访之旅。

　　我衷心祝愿展览取得圆满成功！

2021年2月26日于北京

参考文献

[1]　汤集祥．汤集祥画选［M］．广州：岭南美术出版社，2002.

[2]　许晓生．大家讲堂·当代国画大家范本鉴赏：陈新华山水卷［M］．哈尔滨：黑龙江美术出版社，2009.

[3]　许晓生．大家讲堂·陈新华花鸟卷［M］．合肥：安徽美术出版社，2011.

[4]　许晓生．传承开拓·当代岭南中国画大展作品集卷一：陈新华［M］．合肥：安徽美术出版社，2014.

[5]　陈海．状态［M］．海德堡：古桥出版社，2011.

[6]　吕澎．陈海作品选［M］．杭州：中国美术学院出版社，2013.

[7]　深圳美术馆．抽象与真实［M］．合肥：安徽美术出版社，2018.

[8]　北京汉威国际艺术中心．抽象与真实：陈海作品［M］．北京：北京汉威国际艺术中心，2018.

[9]　何坚宁．何坚宁油画［M］．海口：海南出版社，2011.

[10]　何坚宁. 何坚宁油画写生［M］. 海口：南方出版社，2014.
[11]　艺海堂美术馆. 南方油画名家·何坚宁［M］. 广州：岭南美术出版社，2014.
[12]　余丛，黄礼孩. 谈何融艺：何坚宁的画与人［M］. 广州：暨南大学出版社，2014.
[13]　海南出版社. 当代美术家艺术与生活：陈林［M］. 海口：海南出版社，2005.
[14]　丹纳. 艺术哲学［M］. 傅雷，译. 北京：人民文学出版社，1963.
[15]　康定斯基. 论艺术的精神［M］. 查立，译. 北京：中国社会科学出版社，1987.

目录

目录

字象·心语
　　——汤集祥访谈　　　　　　　　　　　　　1
附
　　汤集祥小传　　　　　　　　　　　　　　30
　　汤集祥艺术年表　　　　　　　　　　　　36

没时间孤独的孤独者
　　——陈新华访谈　　　　　　　　　　　　39
附
　　陈新华小传　　　　　　　　　　　　　　68
　　陈新华艺术年表　　　　　　　　　　　　78

心象如海
　　——陈海访谈　　　　　　　　　　　　　83
附
　　陈海小传　　　　　　　　　　　　　　　120
　　陈海艺术年表　　　　　　　　　　　　　126

Content

色彩的交响
　　——何坚宁访谈　　　　　　　　　　　　131
附
　　何坚宁小传　　　　　　　　　　　　　164
　　何坚宁艺术年表　　　　　　　　　　　172

博观约取·丹青心象
　　——陈林访谈　　　　　　　　　　　　175
附
　　陈林小传　　　　　　　　　　　　　　204
　　陈林艺术年表　　　　　　　　　　　　212

后记　　　　　　　　　　　　　　　　　215

字象·心语
——汤集祥访谈

他已是耄耋之年，艺术上仍不改"古仔"的好奇心和贪玩心。他在绘画艺术上涉猎广泛，油画、国画、版画、年画、剪纸、雕塑，还有写作，他博学多才，文采华章。他曾为关山月、黄新波等老师撰写评论，也得到了先生们的厚爱和指导。他既是美术评论界的前辈，也是画坛名家。20世纪70年代，他以油画《耕海》名扬华夏；80年代，他以五指山黎族为题材创作的《旧中国一桩真事实》震惊美术界。美术界送给他一个绰号——"百变汤集祥"，他以此鞭策自己，继续着他的艺术"百变"。退休后，他画笔不辍，专心探索和研究他的"字象"，以汉字入画，山水如字，字如山水，在书法与山水画中再造一个意境，一个属于他的艺术之境。

汤集祥访谈
Interview With Tang Jixiang

时间：2020年1月
地点：广东画院507画室
记者：杨丽萍（以下简称"杨"）
受访者：汤集祥（以下简称"汤"）

杨： 汤老师，您有一个绰号叫"百变汤集祥"对吧？而且许钦松先生还说，您是一位"善变"的艺术"大玩家"，您是如何看待和理解这个绰号的？

汤： 这个绰号说是戏称比较合适。既然大家都这么说，不是也是了。这个戏称不要理解为只是赞扬，里面还有批评，有褒有贬吧。为什么我会变？我的简单认识是，一个艺术家如果一直是一个样子，画到后面就没有兴趣了，画不下去了。这样的例子我看过很多，所以便有所警惕，其实是为了自己，为自己的艺术道路能有个可持续发展的空间。俗话说，变则通。

但变不是想变就变，这跟艺术的理有关，也跟每一个人的性格和经历有关。我有个缺点，像我父亲。他胆小怕事，那时候国民党要抓他去当挑夫，他害怕到浑身发抖。不要看我画画很勇敢、很生猛,其实我十分胆小,犹犹豫豫,举棋不定,常没来由地怀疑自己,缺乏一种将军上战场的决心。比如画画,画的时候信心满满——这张是最好的了。但过了一段时间,就觉得不行了。就这样不停地画,不断地否定自己,真是缺乏一竿子插到底的坚强自信。

还有就是因为我的经历。我原本读的是武汉大学法律系,学了一年后发现没兴趣,学习不走心、不入脑,照此读下去,肯定会成无用的废物。1958年,广州美术学院两个系——版画系和工艺系扩招,我转专业上了版画系。版画专业比较自由,限制比较少,表现形式可以不那么客观,可以玩多种花样。毕业后,我被安排到佛山民间艺术作坊工作。佛山是中国民间艺术南方重镇,艺术底蕴相当深厚、相当丰富、相当精彩。我主要从事民间木版年(门)画与剪(刻)纸创作,沉浸其中不少于八年时间。后来,我去了佛山市文化馆,有机会学习油画、中国画、书法,甚至做雕塑、撰写展览的说明词等。1970年,我在广东省文化厅美展办公室工作,组织创作展览。1978年,借调到岭南美术出版社筹办《画廊》杂志。一年后,调入广东画院,画中国画,也写文章。我的经历比较混杂,接触的门类比较多,加上对艺术的"花心"、不安分,就总想变来变去,弄出点好玩的花样,好在真的还能出点成绩,所以给人的感觉就是"善变"。

杨: 2001年后,您把目光转向"字象",将其作为创作研究课题,是什么因素和条件让您步入这个领域的?

汤： 其实2001年之前，我已经在澳大利亚悉尼大女儿的车库里玩"字象"了，但真正集中精力全力以赴来做这个课题是在2007年之后。2007年，我在广东美术馆举办了四个展厅六个课题的个展，算是一个中期总结。如果说我"百变"，此前是九十九变，是"小变"，只算是打基础，此后才是九九归一的"大变"——研究"字象"。为了加强效果，中国画和油画同时画，前期打基础用了35年，从办展到现在又差不多过了15年。

　　进入这个课题应该说是水到渠成。我的书法有一点"童子功"。"文革"期间抄大字报，大家喜欢看我的字胜过看内容。当画家后，普通老百姓喜欢我的字胜过我的画。经常有人来请我写字，或者买我的画后要求加一两张书法作品。平日里，书法用在应酬上，有点技术积累，那么，何不顺理成章地顺势而上呢？

　　另外，我画山水已经有些年头了。山水画是我们民族的文化瑰宝，随着年龄的增长、见识的加深，对于灰灰黄黄斑斑驳驳的传统山水画，我也从不喜欢到喜欢。但我始终不喜欢传统三殿式的古老构图：前景两三棵树，中间一片空白，远处一道道山。古人视域狭窄，哪有今人的气概？可以把镜头上下拉动，可以把焦点左右摇摆，多少构图章法任你玩。

杨： 这十几年，您一直在集中玩"字象"，以中国文字入画，山水如字，字如山水，可读可观。这种"玩法"您也是独此一人吧？谈谈您的"玩法"和奇思妙想吧。

格调

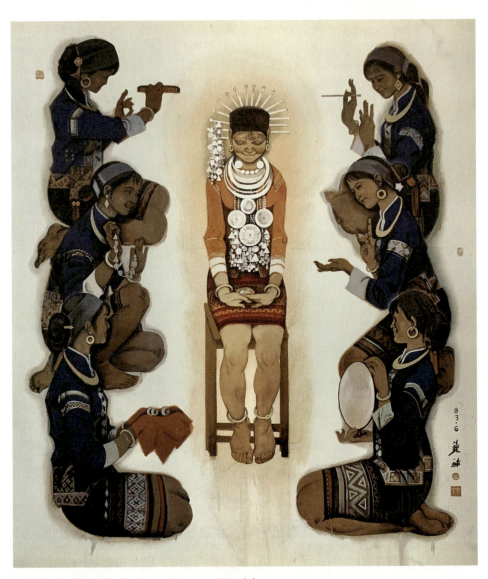

汤集祥作品《出嫁图》（150cm×180cm，1983年）

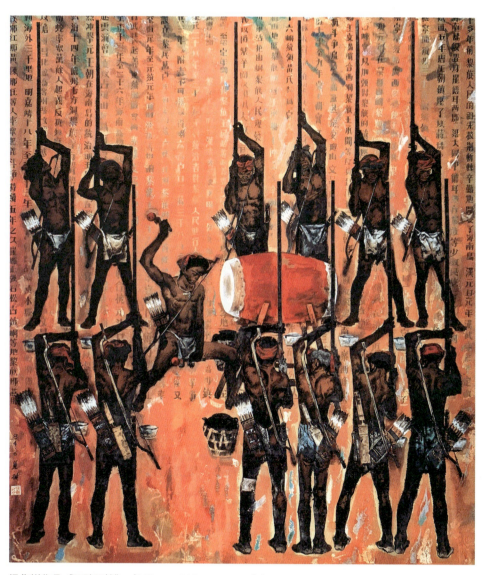

汤集祥作品《石破天惊》（169cm×200cm，1984年）

汤： 世界这么大，什么人才都有，什么想法都会出现。一个想法能成功，得益于周围人的启发，是很多智慧的叠加，由个人的一点点聪明累积而成。曾经一个顺德的小老板说我这是"开宗立派"，那是逢场的玩笑而已。怎能当真？

以字入画，这是大多数中国人的共识，但是以字入画时只用书法的线条画画，已经是老掉牙的课题了。谷文达故意写错字，徐冰胆大乱造字，都是引入汉字的突破性创意。我的"字象"的独特的切入点，是以字的结构或书法形式入画。因为我觉得汉字、书法在创造和实际践行中藏匿着密码和奥妙，似乎与绘画有秘密的暗道连通。如果把它们像任督二脉一样打通，也许是一个奇观。

抽象绘画是外国人发明的。我觉得抽象画太过自由，太多碰巧，太过于无题，容易有假冒伪劣品，不容易看出是否真有本事。如果说我的作品是抽象画，那不是天马行空不着边际的抽象，而是有限制的抽象，有汉字结构和有山水意境约束的抽象。这里面多少有一定的难度。

在我长期形成的艺术信念里，"文以载道"是根深蒂固的。艺术应该对人、对社会有益有用，是进步的能量、美好的能量、良知的能量、仁慈的能量。传统的中国民间艺术也如是，对自己是好玩，对社会是有益，才是正道。"字象·心语"——字象是能指，心语是所指，所指是我的艺术内核。字象与心语一样，是有哲学艺术心理学根据的。眼中所见，是心象心语的回象回音。

杨： 按照您的艺术逻辑，您在艺术之路上不断地探索出满意的作品，但随之又不断地否定自己的作品。这应该说是"艺术扬弃"吧，您是怎么做到的？

汤： 我常把一句佛山歇后语反过来说，我的作品是"干水棉花——有得弹"。我不敢归类、判断我的作品是传统艺术还是民间艺术，或现代艺术、当代艺术。它或者什么都不是，或者兼而有之。但对传统留下来的一些法则——只要大致能理解，不那么难看，有技术支撑，甚至是有一点笔墨技巧，有点独特之处的，我是不会藐视的。因此，从这么多角度去要求，就会发现自己很多不足之处。还有，听得进意见是我的一个优点，我的许多作品常常是他人高见的结晶。

杨： 2019年年底举办的"前行"——师徒双个展是您的"字象"成果展吗？

汤： 是部分成果。画了一段时间，这批画需要观众的检验，我想听听大家的意见，看看大家对哪些感兴趣，对哪些不感兴趣。通过这次画展，我发现有一些蕴含诗意的画太复杂，大家观看的时候就觉得太累。我想，在以后的创作中，要更放松一点，让观众欣赏的时候也更加轻松、舒服。

我今年81岁，突然间悟到我的艺术经过六七十年的"淋水"，已经是"湿水棉花"了，没得弹了。最近蹦出一句话：

格调

汤集祥作品《世界和平图》（80cm×80cm，2014年）

"志在不同，无意工拙。"作品是好是坏，我已经无所谓了，可以解脱了，不用刻意，不再烦恼，好像飘飘然进入另一种境界。妙哉！我有一个闲章——"不知罗马在何方"，意指我像个无头苍蝇般乱撞。年纪大了，蓦然回首，双脚早已站在罗马的地盘上，所以不知罗马在何方。

杨： 您18岁那年考入武汉大学读了一年法律专业，转而又重新报考了广州美术学院，这里面有怎样的一个故事呢？

汤： 1957年我读高中时，文化课比较好，年纪又最小，听同学说武汉大学法律系有一位很有名的法学家叫韩德培。当时懵懵懂懂的我便稀里糊涂跟着报考了武汉大学法律系，没想到就被录取了。当时正在搞"反右"运动，我能画画，学校就让我画漫画。这样一来，我对学法律就更没兴趣了。

后来，武汉大学法律系要合并到湖北大学，我也不想读法律了。武汉大学校长李达的秘书对我说："你画画画得好，我支持你考美术学院。"这更增强了我报考美术专业的信心。"大跃进"开始后，中南美术专科学校（今广州美术学院）从武汉搬到广州，并且扩大招生。就这样，我考上了广州美术学院版画系并回到了广州。

杨： 您进入广州美术学院版画系，应该说是夙愿得偿，春风得意，并且您还撰写了大量评论前辈的文章发表在报刊上。请您说说这段

风华正茂的青春岁月吧。

汤： 进入美术学院之后，我发现我不会画苏派素描与色彩画，与广州美术学院附属中学考上来的同学有差距。开始一两年，5分（满分）跟我无缘。我是从海南来的，中华人民共和国成立初期，在海南无法学习苏派艺术。后来，我慢慢地追赶上来。毕业鉴定上说我学习进步很快。我在广州美术学院获益最大的有两点：一是我的速写，这是我日后创作的技术基础；二是构图能力，这是我创作的强项。

说到我的大学生活，不能不说我写文章。我出名比较早，就是得益于写文章。1961年，我在《羊城晚报》副刊《花地》发表了整版评论黄新波作品的文章。此后，又发了评论杨纳维的文章，顿时在社会上、同学间颇有名气。这就像在我的艺术行程中打了一针鸡血，此后很长一段时间，我的文名超过我的画名。

"文革"后的全国第一次美术展，《人民日报》上刊登了两个人写的相关评论文章，其中一人就是我。这是我评论关山月先生的文章，还得到了24.6元的稿酬。

杨： **艺术界说您是一位"杂家"，还有人说您是"鬼才"，十八般武艺，样样玩得转，而且成绩斐然。您是如何做到的？**

汤： 我的名字叫集祥，广东话谐音可读"杂长"，就是在杂七杂八的东西上有特长。上帝给的？这是茶余饭后的笑谈而已。不过，我好奇心很强，也比较勤奋，油画、雕塑、木版年画、剪纸什么都想学。我的经验就是只要想学，下功夫便可以学会，隔行并非隔山，许多艺术都是相通的，一通百通。就像现在可在网上自学，不需要人家手把手教，所以我学的东西不系统、不正规、不地道。也类似我讲粤语，表面看来很流利，较真下来没有一个音咬得准。音咬得不准，别人听不明白就容易误会，所以还是要咬准音。当"杂家"还是不足，最后还是需要"专门家"，那就再继续努力吧。

杨： 您后来艺术上的"百变"与您掌握的这些技艺有直接关系吗？

汤： 有关系。就像木版年画有一个套色的过程，给我很多启发。后来画国画，我就把木版年画的东西加进去了。我的这几张木版画在20世纪80年代很有名，被当时湖北比较激进的美术杂志《美术思潮》拿来做封面和封底。所以说，我应该是资深的现代派哦。

杨： 您创作的"黄金时代"是在进入广东画院后吗？画院对您有什么作用？黄新波、关山月这些前辈对您有怎样的影响？

汤： 进画院之前、进画院之后，甚至退休后都是我创作的"黄金时代"。"文革"之后，广东画院恢复，我写信给黄新波、关山月两位老师，希望能调进画院，我很快如愿。进画院好像头顶上有了一束光，使我这个学子不迷失、不懈怠。早在学生时代，我已隐约地感觉到黄新波老师身上有些东西是我们那代学子甚至整个美术教育界所缺乏的，这也是我写新波木刻的初衷，可惜他过世太早。关山月老师曾亲笔为我与朋友合作的一张画——《不管风吹浪打》做过修改。我曾参与撰写关山月画册的序言，得到了他许多言传身教。黄新波老师、关山月老师是我人生和艺术中的坐标。前者艺术上锋芒的犀利，后者气格道分的浑厚，都可以借来成为我飞翔的两翼。虽然我不模仿他们的风格手法，但是对我来说，他们为人从艺的精神永远是冥冥中的感召。

杨： 20世纪70年代，您和余国宏先生合作的《耕海》给那个时代的美术带来一份高雅的气息，也让你们一举成名。几十年过去了，您还记得那幅画与众不同的构图和唯美色彩吗？

汤： 《耕海》是在佛山与朋友合作的。此画曾参加"庆祝中华人民共和国成立25周年全国美展"。这张画不大，挂在展馆一个不显眼的地方，但围观者不少。

　　这张画好在哪里？一是色调，二是构图。我本事虽不大，但尚能玩一手构图。至于色彩，我的好朋友余国宏先生是画灰调的高手，所以请他一起合作。没想到的是，这张画的影响力倒是持续蛮久的。20世纪70年代，吴冠中先生提出"形式美"的议题，就有人把这张画划归进去，沾了光。直到前几年，红砖美术馆做一个中国抽象艺术研究展，也把《耕海》作为第一单元进行讨论。说到收藏单位就多了。上海"龙"美术馆收藏的《耕海》是变体画（原画藏于中国美术馆）。临摹这张画的爱好者更是不计其数，就连当红的评论界"大咖"也有。但我觉得这只是那个时代的一个缺位，我们眼疾手快补了个位而已。

杨：**《耕海》这幅画远处是拖拉机耕海，前景是飞翔的海鸥，请您谈谈当时的创作构思吧。**

汤：我是海南人，每年必回家看老母亲。那时候没钱，只能买一张11元的大通铺船票。通铺与海面比较接近，当大船开动的时候，船尾的螺旋桨就会翻卷起很多的鱼虾，海面的海鸥便成群结队俯冲到海面抢吃鱼虾，这就是《耕海》的生活启示。当你把这个启示转变成作品的时候，需要增加点思想意识和时代色彩。于是，大船改为红色拖拉机，就成了围海造田的大主题。其实，围海造田的具体场景我可没见过，想当然而已。

杨：**在您的艺术生涯中，《旧中国一桩真事实》和《石破天惊》这两幅画表现的社会现实意义不同凡响，这背后有什么惊人和感人的故事吗？请您给我们聊聊。**

汤：我1961年在海南岛进行毕业创作的时候，去过五指山黎族峒长王国兴的家。在我还是个小孩的时候，王国兴的名字就很响。国民党的兵要开枪打他，枪没响，他反身拿起枪，一枪就把对方打死了，传说他是个打不死的人。而且他曾经叱咤风云，领导过黎族

格调

汤集祥、余国宏的作品《耕海》（89cm×79cm，1974年）

白沙起义，是个有传奇色彩的人物。我下乡的时候怀着敬畏和好奇去拜访他。记得从红毛峒番响村蹚过一条河就到他家了，他家是周围唯一的一间瓦房，在黎族人的房子里可算是最好的。其他黎族人住的是茅草屋，那些黎族人都过得很苦。我进他家看到他时，就觉得他是一个孤独的老人，生活仍然很苦。因为1957年冬天，在反地方民族主义斗争中，他受到不公平的待遇，被赶回了五指山老家，所以我们去的时候他正赋闲在家。

以前，我们海南岛民常被人问："你们海南人是不是长尾巴了？"还有，小时候听人家讲，海口的公园里，黎族人被关在笼子里当猴子给人看。我画的就是这个故事。我用三联屏的形式来表现：中间是铁笼里的黎族人，一男一女，两侧笼子里是猴子与鹩哥。后来，有一个英国的评论家询问这幅画是什么意思。我解释，讲的是人权的故事，为了争取做人的权利。《石破天惊》画的是做不成人的反抗、争取自由的反抗。后来，有两个舞蹈家曾拜访我，并根据我这两张画编排过一个舞蹈。这是我的艺术人生中难得的一次关于生存的发声。

杨： **漫画家廖冰兄曾经给您画了一幅漫画。画中，您手握一支笔，做沉思状。右侧一行落款："点画至过瘾呢？"这在人们为您写的文章中常常被提起。有这么重要吗？**

汤： 那是1984年的事。一天下午，冰兄让人送来一张画，就是这张漫画。他给同行画漫画是常有的事，但一画完即刻叫人送过来，肯定是他对这张画非常满意,想立刻和画中人分享。事后,他女儿也证实了这一点。我这副模样画成漫画不难,厉害的是右面这行题款:"点画至过瘾呢?"只有他敏锐地捉到了我的七寸。廖老年长我很多,但他平易近人,我们算是真正的"忘年交"。如果说,我在黄新波老师、关山月老师面前毕恭毕敬的话,那么,我在冰兄老师面前则可以口无遮拦。他可以当面挖苦我、贬低我,我可以教他怎么在高丽纸上两面作画。他作画时喜欢我给他积极评价,他给我的画提意见时,我可以当作耳边风,他也无所谓。就这么一种关系,他把我的底细了解得很透,这六个字就是一个证明。我猜,我在他心目中的形象就是贪玩。之前我没有这个感觉,经他这张漫画一点破,觉得是这样啊。此后就引发了我的六句粤语理念:

一、点画至过瘾?(怎么画才过瘾?)

二、画东画西唔定性。(东方的、西方的,想怎么画就怎么画。)

三、谂嘅比睇嘅精彩。(想象比现实精彩。)

四、耐不耐弄个"花臣"。(时不时弄个新花样。)

五、画室是快乐健身房。(在画室里画画既让人心情愉悦,又达到健身的效果。)

六、画如适意胜过做皇帝。(岭南派的祖师爷高剑父的话,意为画画真好。)

汤: 您从20世纪60年代起至21世纪,写下几十万字的文章。在人们的

印象中，您文笔精彩，特别能写，是个评论家，但是2000年后却戛然而止，这是怎么回事？

汤：没错。曾有很多人鼓励我将这些文字结集出版，我毫不犹豫地一口回绝。我曾为好些名人、朋友，甚至一般人写过文章，很多是为了学习、引起思考，或者尽朋友的责任，或者关心一下后来者，究竟有多少创见、多少文采、多少学术分量，我完全没有考虑过。虽然我少年时读过一些古文，学法律时也曾接触过古汉语、逻辑学，中学学英文，大学学俄语，但都是半桶水。我有时做梦要考外语，吓得半夜弹起。我们这代人书读得太少，古书、外语一概不行，虽有一些实践经验，有一点感悟，但搞理论缺乏后劲，我不可能有大的建树，尽了应尽的责任之后赶快打住是明智的。下一代比我们幸运。"文革"之后，北京的《美术》复刊，曾借调我去当编辑，佛山那边的单位不同意，也就作罢了，当时我心里很沮丧。现在想起来，也无所谓了。

杨：**您对理论建树如此没有信心，那么，对绘画、对艺术，您自己有信心吗？甚至，对中国艺术、对东方艺术，您有更大的期望吗？**

汤：几十年来，我每天都习惯去画室（除非有什么应酬），画画的兴趣不减。以前从早画到晚，现在每天上午画画，下午修修改改，看看书，看看手机，思考不断，想法不少。就像我前面回答你的，每一个时期都是我创作的"黄金时代"。时代变化太快，站在前沿，引领时代风气之先，那是天之骄子。我年纪大，内心却并不死寂，活到老，学到老，学无止境。能跟多少是多少，跑不到前沿，只要不被时代淘汰，走在中不溜的位置也不坏。这算是自我安慰、自我鼓励吧。

中国艺术、东方艺术的前途，不是我的能力所能分析的。但我有一个观察和思考，就是只怕中国人不会，会了一定做得比别人好。我只关心我应该如何做。

杨：   "历尽千帆，归来仍少年。" 81岁高龄的您仍像少年一样心怀梦想，真不简单。您18岁离开海南，如今还记得家乡的昔日往事吧？我想，认识您的或不认识您的、会画画的或不会画画的，都会很喜欢听70多年前一个少年的特殊经历的。

汤：   1957年夏，我离开家乡。那时候，乡下仔行不远、见不广，并不觉得家乡有什么好，有什么美。20世纪90年代，我去了一趟美国，去了夏威夷，发现世界上享有美名的地方，跟咱们家乡海南风物、习俗这么相似，甚为感叹：我错失了家乡之美，对家乡的美景熟视无睹。

不过说真的，我童年和少年时代没有这种心情。我在琼海的一个小墟镇——烟塘出生，出生时（1939年2月12日）正是日军侵琼登陆秀英港的那两天。从出生那天起，我便在父亲的扁担箩筐里到处逃生，最后到外婆家定安居丁墟居住下来。我亲眼见过日本兵把滚烫的一盆稀饭砸向我表哥，我的叔伯兄弟很多死在那个时期。

我还记得和小伙伴看日本人放映的电影，因为从未见过，也不知道什么原理，想知道荧幕上的人藏到哪里去了，就和小伙伴到处找。

日寇走了，来了国民党。小墟镇被两个国民党官员管着。说出来好像写小说，但绝对不是瞎编的。那两个官员，一个矮胖，腰间系着驳壳手枪；一个高瘦个儿，门牙暴出，说话唾沫飞溅。前者的儿子经常欺负我。我个小体弱，不敢对抗。有一次我下定决心，不要命地跟他对打，才把他镇住。后者家里养了一条恶狗，我们上学要经过他家门口，恶狗便从屋里奔出，把我们都吓坏了。我想不起是哪个发小想出一个办法，把烧热的红薯抛向恶犬，它一咬就烫得狂叫不止。此后上学就安全多了。这是一个恶作剧，是一段经历，也是一段回忆。

杨： **说完童年的故事，说说与艺术有关的往事吧。您的艺术天赋是受家庭影响的吗？您的艺术之路是从哪里开始的？有启蒙老师吗？我想，很多有志于艺术的后来人肯定对您的经历很感兴趣。**

汤： 我父母在小墟镇开了一间咖啡茶店，要说他们有什么艺术细胞传承给我，那是无稽之谈。我家祖上做过金银首饰，或许与工艺有关。我家三叔是一代琼剧著名小生富文，闯过南洋新加坡，家里的一块羚羊角就是他带回来的。如果说艺术天赋，我记得小时候爱玩泥公仔，常到烧红砖的窑场偷红泥，而且为了不让红泥干裂，用湿布包好搁在母亲的床底下。有一件事可以说明我入迷的疯狂程度。那时候，常有一些制作泥公仔的民间艺人走村串乡。有一次，我竟痴迷到把人家的泥公仔摊档撞倒在地。幸好旁边一位老人前来解围，说我家可以赔他钱，可不要吓坏小孩。

  说到纸上画画，小时候的我还没有什么突出的表现。比如出墙报、画刊头一类的活动，都轮不上我。小时候，我的一个同学靠九宫格技法已经能画出放大的毛主席彩色像，我佩服得不得了。我最多是抄写，因为我的毛笔字总是得到大人的赞赏。小学时，我已为家里写春联。后来，上初中的第一堂美术课是写生粉笔盒，我用界尺来画，得了全班最高的80分。之后，我好像被发现有绘画才能似的，画墙报画刊头的头把交椅非我莫属。我的绘画之舟由此飘然前行。

  我走到今天这个位置，不敢忘记启蒙的各位老师。我在定安中学最早的美术老师叫陈五，他画的卡通，用的是水色，大红大绿大黄。当时觉得他画得太粗略，长大后学了美术史我才发现，他的画有近似美国朋克的味道，可不简单。第二位老师叫廖玉辉，他是海南留法画家符拔雄的学生。他上第一节课的第一句话是："没有光就没有色，没有色哪有画？"这句印象派画语，好多年我都不明白。他也学过传统中国画，在一次课堂上，几笔便画出一幅竹子，这是他教给我的一点传统技法。他更感兴趣的是画水粉宣传画，就是日后流行的政治宣传画。他对我的鼓励是超乎寻常的。有一个学期他给我的美术分是100分，因为我曾通过美术创作做过一件什么好事而加分。后来，我在琼山中学上高中。

高中没有美术课，但教美术的王燮老师照样在课余帮助我。他是画印象派作品的，1955—1956年国内画坛正热烈讨论印象派是什么主义，他跃跃欲试，画了许多风景油画寄到北京去，但没有得到青睐。这些都是我的启蒙老师。我还得提及我小墟镇读江西师范美术的吴宗桂哥。寒暑假回来搞宣传，他总是把最重要的画让我画。当我画不下去时，他总是说好，鼓励我画下去；当我画到得意时，自我一下，胡乱一下，他也总是说好，让我画下去。

真好啊，我与画结下缘，他们是我的最早引缘者。

回首来路，我这辈子很幸运。第一，小时候有那么多艺术上的启蒙老师。第二，20世纪50年代上大学，从法律专业顺利转到美术专业。第三，大学毕业被分配到佛山搞民间艺术，补充了在学校没有学到的东西。第四，"文革"期间，得到善良伙伴的护佑，没有受到冲击和批判。第五，我调到那个年代搞美术最好的广东画院。第六，退休后还能继续在画院画室轻松、愉快地画画、搞创作。

A 汤集祥老师夫妇和长女汤红帆一家在澳大利亚悉尼（2022年）
B 在广东画院画室（左起：张余乐、詹忠效、汤集祥、余国宏）（2017年）
C 汤集祥在创作（1974年）
D 笔者与汤集祥（2020年）

C

D

附

汤集祥小传
Biography of Tang Jixiang

汤集祥，1939年2月12日出生于海南琼海一个小墟镇——烟塘。当时正值日军侵琼登陆。从出生那一天起，他便被父亲放在扁担箩筐里到处逃生，最后在定安居丁墟的外婆家定居下来。日军欺负当地老百姓的种种行径及日军投降撤出海南岛后国民党政府官员管辖执政期间的行为，都留在他的记忆中。中华人民共和国成立，海南岛解放，调皮又好学的"古仔"（指小孩）在安定和谐的环境中进入学堂，又幸得几位优秀老师的启蒙，聪明加上勤奋，喜欢画画、书写的他很快便脱颖而出，学校班级画墙报、画刊头的事全靠他。

1957年，汤集祥高中毕业考取了武汉大学法律系。18岁时，他背井离乡来到武汉读书，却对法律毫无兴趣，一年后转考广州美术学院版画系。刚入广州美术学院时因为没有经过基础学习，大学一、二年级成绩平平，三、四年级才有所进步。在校时，他发挥写作特长，在《羊城晚报》的副刊《花地》上发表文章，在同学中有些名气。后来，他从事美术评论很多年，著有洋洋洒洒50万字的美术评论，被美术评论界认为是名副其实的前辈。

但他也是实实在在的画家。1962年毕业后，汤集祥被分配到佛山民间艺术作坊。他对那些在学校不曾接触的民间艺术充满好奇，如饥似渴地学习木版年画、剪纸。"文革"后期，他到佛山市文化馆工作。虽然那里杂事很多，可他勤奋好学，中国画、宣传画、连环画、雕塑他都学。顺应时代潮流，他常画领袖头像，这使他的油画技能水平日渐提升；各类宣传教育展览，是他学习多门类艺术的课堂。草拟解说词、抄写脚本，对他而言好像没有想象的那么难，他都来者不拒并学有所成。因此，他被许钦松先生称为"大杂家"。后来，因为他的博学与善变，美术界给他起了一个绰号——"百变汤集祥"。

真正让汤集祥成名的作品是1974年他和好友余国宏合作的《耕海》。他们各显其能，汤集祥发挥构图优势，余国宏擅长色彩，特别是对灰色调的把握。当时，此画无论构图还是色彩都显出了新意，一出场就在美术界掀起波澜。此画后来被中国美术馆收藏。

1978年，汤集祥被调至岭南美术出版社筹办《画廊》杂志。1979年，黄新波、关山月把他调至广东画院。画院是每一个画家都向往的艺术创作殿堂，汤集祥能如愿以偿，靠的就是他的文笔及涉猎门类广泛的艺术灵气和才华。初到画院，在创作上他采取了多种绘画技法，创作了一些装饰性很强的硬边重彩画，似中国画，又不是中国画。这些画虽然艺术纯度不够，但是有生活气息，有趣味性，有意境，所以得到当时画院各位画家的肯定和鼓励。关山月评价其画"寻诗觅趣"。林墉说："看集祥的画，正如看钢索平衡表演，远看可人，近观可敬。"廖冰兄说："他的艺术毕竟是从现实生活出发，又非常讲究艺术形式，路子走得对。"

得到前辈的认可和激励，汤集祥更加充满信心和勇气，他边做美术评论边画画，在艺术之路上大步前行。接着，他就以海南家乡黎族为题材创作了系列作品。1961年进行毕业创作时，汤集祥曾到五指山腹地拜访海南富有传奇色彩的黎族峒长王国兴。他感触万端，喟叹不已，一声唏嘘，心中留下一个"结"。这个"结"在他内心如熊熊燃烧的火，促使他创作这个题材。他用七个月时间创作了《旧中国一桩真事实》《石破天惊》两幅作品。这两幅作品双双入选第六届全国美展优秀作品，前者还获得铜奖。

随着思想和艺术理念更加成熟，原来那些理性的、硬边的、重彩的表现方法，他也不喜欢了。他开始把目光转向珠江三角洲的生活场景，常流连于桑基鱼塘、鸡场鸭舍、艇仔便桥、芭蕉竹林。原有的表达方法被水墨代替，宏大高调的题材被浅淡小巧的生活细节遮蔽，刻意修长的人物被随意松散的稚拙造型替代。不知不觉间他画了一百多幅《飘走的歌》，其中六幅作品获得了全国首届中国画展佳作奖。

2000年退休后，汤集祥的绘画转向中国画与油画，以汉字"书象"作为创作研究课题。他觉得山水画才是中国艺术的高标正统，也非常适合老年人修身养性，于是便学起了传统山水画。但他又不喜欢老一套的章法，于是就把视点放开迁移，在涂抹中抹出了新的境界。在草书线条中有行有止，知其白，守其黑。20

年间，他在书法的引导下，探索出山水画与书法相融合的画字作品——"字象"。

在他进入广东画院至今40多年的绘画生涯中，无论在职还是退休，他每日必到画院，就像童年的那个"古仔"一样，乐此不疲地一个系列一个系列地玩，正如1984年廖冰兄给他画的一张漫画上的题款："点画至过瘾呢？"

如今，耄耋之年的汤集祥仍然是人老心不老，日日在画、在思考。他说，他创作的心还是冲动的。他的"百变不老心"还体现在他会玩手机，会关注自媒体、互联网上的消息上。即便如此，他还常常怀疑自己与时代的审美趋势是否合拍，能否跟得上时代。时代瞬息万变，他"百变"不止。

汤集祥艺术年表
Chronology of Tang Jixiang

汤集祥，1939年2月出生，海南琼海人。中国美术家协会会员，广东画院艺术顾问，国家一级美术师，享受国务院政府特殊津贴专家，广东省文史研究馆馆员，广东省非物质文化遗产保护工作专家委员会顾问，曾任中国美术家协会第四届理事、广东画院副院长。1957年，就读于武汉大学法律系，一年后考取广州美术学院版画系。1962年毕业后，到著名的佛山民间艺术作坊学习与研究木版年画、剪纸、陶瓷共八年。1970年，先后在广东省、广州市文化部门从事组织美术创作与展览的工作，并广泛涉猎中国画、书法、油画、连环画、雕塑。1978年，调至岭南美术出版社筹办《画廊》杂志；一年后，调入广东画院从事中国画创作、理论研究和美术评论工作。1990年后，淡出艺评界，以中国画与油画创作为主。2000年后，转向中国画和油画创作，以汉字"书象"作为创作研究课题。

重要参展、获奖与收藏作品

1963年	年画《满载而归》获"广东省群众美展"一等奖。
1974年	油画《耕海》（与余国宏合作）被中国美术馆收藏。复件被中国驻法大使馆和中国历史博物馆收藏。
1979年	油画《花蕾》获广东省美展优秀奖。
1981年	连环画《笑画》获第二届全国连环画创作二等奖。
1984年	中国画《旧中国一桩真事实》入选第六届全国美展并获铜奖，被中国美术馆收藏。
	中国画《石破天惊》入选第六届全国美展并获优秀奖，被中国美术馆收藏。
1986年	中国画《飘走的歌》获首届全国中国画展佳作奖，并获广东省第二届鲁迅文学艺术奖。

	连环画《猎狮大王》获第三届全国连环画创作优秀封面奖。
1987 年	《黎族风情》获"阿尔及尔世界文化艺术荟萃"金奖。
1994 年	中国画《印女汲水图》入选第八届全国美展。
1995 年	中国画《大地行云》获广东省纪念抗日战争和世界反法西斯战争胜利 50 周年美展优秀奖。
	中国画《童年的歌·之一》《童年的歌·之二》被台湾省立美术馆收藏,《童年的歌·之三》被台北艺术教育馆收藏。
	《印女汲水图》《大地行云》《春天的色彩》先后被广东美术馆收藏。

出版画册

1983 年	《汤集祥的画》(岭南美术出版社)。
1988 年	《当代美术家画库(一)》(天津杨柳青画社)。
1989 年	《汤集祥现代挂毯作品选》《广东画院画家作品系列——汤集祥》(海南人民出版社)。
1991 年	《广东画院画家新作系列——汤集祥》(三环出版社)。
1998 年	《汤集祥油画选》(东西文化事业公司出版社)。
2002 年	《汤集祥画选》(岭南美术出版社)。
2003 年	《汤集祥画集》(岭南美术出版社)。
2008 年	《画思常动——汤集祥六个课题新作集》(岭南美术出版社)。

个展与联展

1985 年	参加湖北中国画新作邀请展。(中国武汉)
1992 年	参加韩国韩中山水特别展。(韩国首尔)
1994 年	参加台湾省立美术馆中国现代水墨画大展。(中国台湾)
1999 年	参加深圳国际水墨画双年展。(中国深圳)

2013 年　　8 月，参加海南建省 25 周年"琼子丹青"名家联展。（中国广州）

2018 年　　4 月、9 月，举办"携手——汤集祥、余国宏、苏星、张余乐师生作品展"巡展。（中国珠海、佛山）

10 月，举办"字象——汤集祥、张余乐师生作品展"。（中国广州）

参加"澳门国际艺术交流展"。（中国澳门）

2019 年　　举办"前行——汤集祥、张余乐师生双个展"。（中国佛山、澳门）

没时间孤独的孤独者
——陈新华访谈

他衣着、外形有道骨之气、逍遥之风。他早期的作品《乡土》《山家》《歌满坡》以绮丽的思维构图和新颖的表现手法引起美术界的关注。后来，他向往陶潜的生活，开始隐于闹市，潜心创作。新冠肺炎肆虐期间，出门要戴口罩，他说口罩遮不住长长的胡须，索性不出门。在家画画是他的生活常态，他每天都在"只争朝夕"地创作，担心此生画不完心中的象。他孤独一人却没时间孤独。他很执着，画了不少气势如虹、篇幅巨大的作品，几十年如一日，却是"衣带渐宽终不悔"。他很传统，作品却突破了传统，很现代，很超前，很抽象；他做人简单，疏于交友，画作繁复交错，工程庞大。他不问前程，只顾耕耘，他的画"养在深闺人不识"，"千呼万唤"也难睹"芳容"。他常常云游在自己的艺术世界里，悠然自在，安贫乐道。

陈新华访谈
Interview With Chen Xinhua

时间：2020 年 1 月
地点：广州美术学院
记者：杨丽萍（以下简称"杨"）
受访者：陈新华（以下简称"陈"）

杨： 您的《宝岛物华》《墨象》《南国丽日》等大幅画作进入人们的视野，引起业界的广泛关注与好评，大家一致认为，您是中国花鸟画创新和探索的成功者。您怎么看待这些评价呢？

陈： 这个成功还需要时间和历史的检验。对我而言，成功与否我没想过，作为职业画家，我只是全力以赴地投入绘画艺术创作中，画我心中所思所想。

　　《宝岛物华》《墨象》《南国丽日》均是巨幅作品，创作时间跨度为1995年至2015年。这20年的创作需要有耐性，需要守住孤独，不能患得患失。这些画都是我当时有灵感冲动，就趁年轻气旺，赶紧动笔，不然，想法到了100岁依然只是想法。一幅画动辄一年半载，甚至好几年才能完成，最后的成败大都未可预知，得准备好接受失败的结果。成功有社会认定与自我认定，社会认定常与自我认定并不相同。但想做的事，不做不甘心，做了就不遗憾，不然岁月蹉跎徒悲伤。我一直在做我心中想做的、想追求的，就像我说的"我为吾画"。

杨： **您的外形给人的印象有中国文人道骨仙风的气质，似乎您的追求跟五柳先生相似，都追求一种田园式的自然状态。能介绍一下您现在的生活状态吗？**

陈： 所谓相由心生。常见一些大德高僧都有一副福祥佛相，长期平淡谦和，心无贪欲俗念，自生一股仙气。我小时候吃不饱，穿不暖，读书是为了改变命运，吃上国家粮。刚进城工作的时候，我对先贤归隐田园感到费解。而现在经历了大学生活，成为教授，一路打拼，所得也无非如此，方理解平静、恬淡、自在的生活才是生存的高境界。我现在的状态是尽量远避世俗，简化生活，一日三餐清清淡淡，棉布衣服简简单单，不逛街不上网，画画、思考、种花草。东，在我；西，在我。任随心性清风起，白云来去无痕迹。

杨： **您不屑于参展和应酬，深居简出，是性格使然，还是因为对绘画艺术太投入？您的人生观、价值观和艺术观受哪几位思想家的影响最深？**

陈： 都有。性格是重要的因素，性格决定命运。我从小就性格内向、害羞，不喜欢在人多处表露自我，我怀疑自己小时候有自闭症。但除性格外，这也是思考的结果，我想着人生短暂，能力有限，把珍贵的时间和精力花在社交应酬上对做学问来说弊多利少，故很多应酬能避则避，久而久之便形成了对社交的恐惧。据说诺贝尔奖授奖史上曾有人因患有社交恐惧症而缺席领奖，我大概有类似的毛病。

另外，生理上的小问题同样可能影响一个人的一生，像我晕车比较严重，这就很影响我的生活和很多行动。比如，有一些外出采风或展览的活动，我因为晕车就参加不了，可能天生就是这样吧。一个生理有缺陷的人和一个生理健康的人，他们的人生是不一样的。严重晕车的毛病成了我真实的借口，也成就了我现在所谓"隐于市"的生活状态。

一个人的思想理念是社会、文化与实践共同作用而逐渐形成的，且会随时空的改变而改变。我没有受什么思想哲人的特别影响，我拒绝崇拜，只坚信自我观察判断，带着已经形成的信念，在书本中寻找知己加以印证而已。年纪大了后，我特别喜欢庄子。庄子会讲有意思的故事去启迪人，让你去感悟、去领会，他不喜欢去说教。现在常说培养什么国际人才，我认为，刻意是培养不出人才的。我对年轻人的希望是能做一个人格健全的人，能有一颗关怀他人的心，在顺境的时候不会得意忘形，在受挫的时候不会灰心丧气，让自己一生过得顺意愉悦点。

杨： 您的婚姻对您的绘画创作有影响吗？

提起婚姻，这是生命中里程碑式的事情。这使我想起在农村时，家人就张罗着为我找对象结婚，我硬着头皮去提亲。因为我们那地方太穷，遭到对方父母拒绝。若非如此，今日就是另一个我了。婚姻的不成功，使我得以彻底摆脱世俗的羁绊，得以自由孤行而无后顾之忧。这也许是天意，感谢上天的安排！

杨： 您一直都甘于守拙、守静、守孤、守清，在探索中国画的新路径上从未停歇，痛苦与欢乐并存，责任与使命并存，您觉得人生就该是这样吗？

陈： 我向往普罗众生的世俗生活，若有来生，别做画家好了。艺术家往往为艺术追寻而癫狂，兴奋与痛苦伴生，没完没了。正所谓"衣带渐宽终不悔"。你说的守拙、守静、守孤、守清虽为做学问之必需品质，却有悖天性，生命理应享受人生的温馨欢愉，而不是耐住寂寞。对我而言，既然已经选择了绘画，那么，就得慢慢放弃对物质的欲望，有时候你可以把它看作清高。我觉得这是我最佳的选择。

  关于责任，应该说我对专业很负责任。如果你认真思考后认为自己是搞绘画艺术的这块料，那么，你做任何事情都比不上你专心致志地去绘画、去做艺术更有价值。人要充分利用自己的优势和优点，做效率最高、价值最大的事情，那也是真正对社会负责任。

没时间孤独的孤独者——陈新华访谈

陈新华作品《千年结》（178cm×170cm，1996年）

杨：　您说，"幸哉！我为吾画"。这句话是您追求田园理想生活的愿望，还是绘画探索进入自我精神世界的最高境界？

陈：　"我为吾画"这句话就是我为自己的心创作，道家的"吾"指"我的心"。现实生活中，物质对人的诱惑太大，太让人着迷，每个人都丢不下，而我能丢下，是因为我看得真、看得明白，这些东西不是我生命中最需要的。能像孩童涂鸦一样开心好玩就别无所求了，这是每个艺术家都向往的自在境界。我毕生都在追求渡达彼岸，直到退休以后终于了结俗务，到达了终点。

杨：　艺术评论家李伟铭认为您在岭南画坛仍是一位孤独者。您怎么看？

陈：　叔本华的"要么庸俗，要么孤独"指两者只能居其一，而不可两全。人生就是不断取舍的过程，既然如此，我便选择了孤独。在绘画上，我另辟蹊径，那必然是孤独的。如果一个人非常投入地去做学问，那必然也是孤独的。不仅是我，人人都会如此。艺途漫漫，任重道远，远离世俗是为了卸重远行。但若孤独指无聊发呆，时时希望他人关注和照应，那我没时间去孤独。做这种孤独者，我不够格。

　　李伟铭给我写那篇文章的时候，我30多岁，他比我小很多，已经感觉到我是一个不入世俗的孤独者了。

　　另外，很多人写文章都喜欢把我拉入"岭南画派"，其实我现在的画跟"岭南画派"只是基因相同，并无其他的关联。

杨：您认为中国传统的"文人画"过于注重笔墨而限制了中国画的发展出新，因而您很早就进行中国画的探索和创新了，是吗？大概是从什么时候开始的？

陈：也说不上具体的时间和从哪幅作品开始的。文人画怎么重视笔墨都不为过，因为这是其核心价值所在。过者是将其视为中国画的唯一手法，这就限制了中国画的多元发展。关于文人画对中国画的消极影响，我曾写了一篇《文人画的负价值》来论述此问题。文人画重文学修养、重笔墨情趣，舍形求神。从绘画发展的角度看，它相对于严格写实绘画是一种解放、一种进步。但将这一特种绘画形式无限拔高，并将其技法千古不变地固定下来，作为整个大传统绘画的准则，这就造成明清文人画过于注重笔墨和诗文入画而限制了中国画的发展，并且不断地产生副作用，后来是越画越糟糕，严重压抑了其他手段绘画技法的发展。随着信息时代的发展，世界空间在缩小，人的审美意识迅速扩延，文人画已远不能胜任表现新的客观事物和精神观念。所以，另辟蹊径寻找中国画的出路才是客观求真的态度。

　　至于创新，我并非受什么观念驱动，只是本能地想表达真实所感。海南岛树木繁茂，有很多树都长成一簇簇绿团，与用传统的画树方法画的树相去甚远。我不愿概念地画树，就想探求以自己的方法去表达。画好了，别人认为是创新。然而，创新是艺术家的内生，而非什么使命召唤。

　　另外，"创新"一词是我从20世纪70年代进入广州美术学院后接触的。那时候，国际上所有比较时髦的、新的运动和意识形态上的创新，都是先从美术开始的，如新古典主义美术、浪漫主义与现实主义美术、印象画派等各种流派。最热闹的创新都在美术界，然后才是诗歌界、文学界和音乐界。现在我们说的"创新"，那是技术创新，现在的美术界不讲创新了，因为创新太难了。

杨：**有人说，一个人只有离开故乡，才能真正获得故乡。从您大量的作品中，我们看到了您对故乡深深的眷恋。您离开故乡这么多年了，故乡于您而言是什么？**

陈：我从农村走出来，与所有农家的孩子一样，有着深厚的家乡情结，总觉得他乡处处不如家乡好，尤其是广州这种人情淡漠的大都市。1975年大学毕业时，我一门心思就想奔回万宁，在文化馆当个小职员，这便是当时的理想。我在行李上都写好了托运地址，就等分配通知一下来，即刻托运行李走人。没想到那一届毕业生45人，公布的43人都是从哪里来回哪里去，最后通知我留在广州工作。在广州，我一直闹调动，闹了两三年，也没解决，直到研究生毕业留在广州美术学院任教后才安定下来。

然而，不像他乡人看风景，只是浮光掠影掠过眼里，家乡的一草一木已经融入我的灵魂。家乡的生活仍历历在目，抓鱼啊，捉鸟啊，掏鸟蛋啊。一回回地梦回故乡，那山、那水、那人、那风情时时萦绕心头。我是第一个画裂开的菠萝蜜的人，之前没见

陈新华与家人在家乡大洲岛留影（1991年）

过有人画，因为我家院子里就有一棵菠萝蜜树，小时候就看到过裂开的菠萝蜜。1960年粮食紧张时，那棵树上的菠萝蜜救了我们全家。所以，我的很多创作都以海南风物为母题。

杨：　一个人与生俱来的某些天赋，也许跟他生长、生存的环境有关，还记得您多大的时候就表现出了绘画的天赋和能力吗？

陈：　我父亲是中医，母亲是大字不识的文盲，不知为何我会喜爱画画。从我三四岁记事开始，就常有大人夸这小孩长大了要当画家的，我还没上学时就到处胡涂乱画，没纸就在衣帽上画。记得上小学时，老师在讲课，我却一门心思在课本的边角上画画。老师发现后，停了讲课，绕到我身后。因为专注，我浑然不觉，被老师用竹棍打了一下，那种疼痛让我永生难忘。这或许就是所谓的天赋吧。

　　最初依样临摹《西游记》《三国演义》等小人书，对线描特别感兴趣。稍大之后开始看一些学习绘画的书，知道画史上有位杰出的画家叫顾恺之，还有大名家吴道子、李思训，外国有个达·芬奇，我都十分仰慕。上初中后，我开始喜爱中国画，用一分两分地积攒了好久的钱买了两本薄薄的小册子——钱松嵒的《砚边点滴》和吕凤子的《中国画法研究》，知道了中国画讲究"绵里藏针，力不外露，骨法用笔，中锋用笔"等。这是我中国画的启蒙时期，现在我还保存着这两本书。当时，在我生活的小地方没有宣纸出售，我也没见过宣纸长什么样，以为晕化的效果是将图画纸拖湿了画出来的。就这样画了一段时间的所谓国画，似是而非地理解了一些中锋用笔、骨法用笔的国画概念。

我在学习上是那种很用功的人，不用父母管。从小到大我性格内向，不善言辞，也不喜欢聚众玩耍，除了画画、学习，就是读书、干活。

杨： 据了解，您多才多艺，不仅做过英语教师，而且还做过电工学教师。那是什么时候的事情？

陈： 多才多艺谈不上，因生活所迫，为混口饭吃，做过很多事情。"文革"开始，初中毕业后，我上了万宁县（今万宁市）劳动大学。劳动大学是真劳动，要自己上山砍树割茅草盖宿舍。毕业后，我回乡务农，挖地、挑粪、割稻的农活干了一年。为帮补家用学过木工。制木桶、砌墙垒砖，样样做过。1970年，芒坡小学办"戴帽初中班"[①]，需要英语老师。大队问我能不能教，我想摆脱辛苦的农活，于是硬着头皮充数。我当了两年民办教师，除了教英语，还配搭教农业知识（植物学知识）、电工物理、唱歌（样板戏），像万金油一样处处用。当时一个月25元工资，20元给家里，5元留着自己用。这与劳动生产一个劳动日得3分钱相比，已是很好了。以上

[①] 所谓"戴帽中学"，是在小学的基础上增设初中甚至高中，有点类似给人戴上个帽子，所以叫"戴帽中学"。它是"文革"中城郊接合部农村教育特有的现象，目的是解决农民子女就近读中学的问题。

是进大学前的经历，回想人生不易，该知足啊。

杨： 您是什么时候到广州美术学院求学的？这一时期，您的艺术观受到哪些绘画流派的影响？绘画理念发生了怎样的转变？

陈： 我当民办教师时常被抽调到文化馆办班搞美术创作。1970年，恢复大学招生。1972年，经海南文艺创作组推荐，我参加了广州美术学院（当时改建广东省人民艺术学院）的招生考试。尽管画了那么多的画，我却从来没有正规学过，不知素描为何物，临时抱佛脚向朋友借了本哈定的《怎样画铅笔画》，学了几天便去琼海应考，想不到居然收到了录取通知书，兴奋得几夜不能入眠。但直到快入学，公社都不让我转户口，说其他人上大学都要经他们推荐，为什么只有我不用。无奈之下，我找了公社书记的熟人，带着一卷好烟去将这事办通了。这是我此生唯一一次求人。

到了美院我才开始正规的绘画学习。进入大学以后资料多了，眼界也打开了。看到欧洲那么多好画，印象派、抽象派、现代派和后现代派等，我的思想和观念也随之转变了，开始觉得中国画画得太淡雅，很喜欢西方油画的厚重感和分量感，现在画的好多都是受西画的影响。我特别喜欢后印象派、抽象派，它们可以跟中国画很好地结合。印象派多少还停留在对对象的描写上，比如，画早上9点钟的阳光，他们会把从树叶间透过来的光线都画出来。到了后印象派便开始出现现代主义了，它偏向于画面的本体，表达一种永恒的有某种价值的绘画本体美。它不描述一个事物,也不说故事。比如,凡·高的《教堂》《皮鞋》《向日葵》等,主要表现那生动的线条、明艳的色彩和不断罗列的笔触,而不是教堂、皮鞋、向日葵本身。我认为它已经很接近中国画了,中国画也是表达笔触的美、笔墨的美。比如,《芥子园画谱》中,一棵树画五个圈代表树叶。你开始也不明白,一棵树画五个圈就算一棵树了?其实它给你看的不是这棵树,而是那五个圈的线条,所以这点跟欧洲现代绘画很相似,它已经慢慢开始追求画的本体了,附加的那些哲学理念、文学诉说都不重要了。

杨: 1979年,您考上广州美术学院的硕士研究生,后来又以优异的成绩毕业并留校任教。您读研时读的是中国画系山水专业,而现在您不仅画山水,也画花鸟,为什么会选择画花鸟呢?

陈: 大学毕业后,我被分配到广东省工艺美术学校①任教。1978年,"文革"后全国各高校第一次招收硕士研究生。1979年,我报考了广州美术学院国画系山水专业研究生班,本来只是想试试,却如愿以偿,从此走上了绘画这条路。我读研究生时的挂名导师是黎雄才,但实际指导的主要是陈金章老师。陈金章老师是我的恩师,他为人平淡谦和,学养深厚,如今我的人格和作品是受他影响的结果。我读研时专攻的是山水画,毕业后并没有刻意画花鸟画,只是觉得国画的分科约束了我的审美表达欲望,于是随兴而画。

---

① 1980年,广东省工艺美术学校与广东省轻工业学校合并为广东省轻工业学院(今为广东轻工职业技术学院)。

陈新华在画室尚未完成的作品《方圆几何》前(2021年)

当然，我对中国画这种分科不是很赞成，但是按照过去那种传承方法，它只能这样分科。老师教你这种方法画山水、画鸳鸯，那你照着画下去就行了。到了现代，我们画画已经不那么简单了，只用一个方法画某种线条是不可能画出很好的感觉和感受的。所以，不论我画山水还是花鸟，其实我都没有把它们当作山水或者花鸟，我就是用现有的形式去表达，它只要符合我某种意向传达的理念，我就会画。比如那头牛，壮壮的形体表现了某种力量感，我就这样去表达；如果一座山比这头牛的形体更好，我就会画山。我只是用美的形式、形状来画，并不影响我选择画山水还是花鸟。

另外，花鸟画基本上是等大的，也就是说，跟物体大小差不多，山水画是缩小的，所以《净因院画记》认为事物有常形和常理的区别。有些画无常形有常理，有些画有常形也有常理。比如这幅花鸟画，它是有形状放在那里，画鸟就像鸟，画猫就像猫；山水画可以说无常形有常理，画它的时候就已经改变对象了，比如画一棵树、一座山，我可以画成这样，你可以画成那样，山水画是绝对抽象化的。我偏好画那些无常形、有常理的东西，它没有一个固定的形状，有利于抽象思维的发挥。像有一些高空俯瞰的画，虽然很抽象，但仔细辨认，它又是具象的。我也喜欢画山川河流，因为我崇尚自然的雄宏博大之美。

杨：　中国传统民间艺术对您的绘画有影响吗？"85新潮"对您的影响大吗？

陈: 影响很大。敦煌壁画、上古岩画、汉刻砖刻石、门神画、剪纸，我都十分感兴趣。我的画风中明快的色块对比和装饰味都是吸取了其中的养分。

至于"85新潮"，对当时处于闭塞状态的我们来说，可以用"震撼""惊醒"来形容，那真是"忽如一夜春风来，千树万树梨花开"。至今很多观念都源于当时大潮冲击激荡出来的思考。我的抽象画《墨象》就是在那个时期创作的，《歌满坡》和《雨林奇》都是我尝试抽象画的早期作品。其实现在的思想潮流更多元，比我们那个时候更丰富，看到的东西更多。不过，现在的信息量太大、太多、太泛滥了，也导致很多人不知道取舍，反而影响了他们的专注度与思考。

杨: 1989年，您的多幅作品获全国各种展览"新人奖"，其中作品《歌满坡》已经表现出了您与众不同、另辟蹊径的绘画语言与技法表达，请您介绍一下。您的作品《山家》《乡土》分别获奖，这些作品的表现技法和表现形式与您前期的作品相比有什么变化？

陈: 1985—2000年是我频繁参展并获奖的时期。那时候年轻，有时间、有精力、有进取心，愿意参与竞争。改革开放初期，内地和香港、台湾地区合作在北京举办中国画"新人奖"。我的作品《歌满坡》获奖，什么奖已经忘了，但评选时得票最高，这对我是一种极大的激励。后来，《山家》和《乡土》也先后获奖，这些在当时都是有分量的奖项。《乡土》还被中国美术馆收藏。

格调

陈新华作品《乡土》（180cm×180cm，1992年）

2000年后，我基本上就不再参与社会上的各种美术活动了。

《歌满坡》《雨林奇》是以水墨为主，这个时期的作品在画法上开始转到了注重色彩。有时候创新是由性格决定的，我不是一个固守陈规的人，喜欢尝试，很难守住一个画法。画水墨画了一段时间，觉得烦腻、没意思了，就想玩色彩，所以就不断地改变画法、找感觉，也并非要有创新的概念和想法后再去做。

1989年，我参加了香港的一个画展，当时卖掉了一张画。有一个做珠宝生意的女士也想买这张画，就商量让我再画一张，四尺对开的画12000元。当时的12000元，我两年工资也挣不到，于是就答应了。后来却没办法完成这张画，不管多少钱也不画了，因为画出来一点味道都没有，也没那种激情和状态了。

杨： 您的画都很大，而且很少展出，大家也很期待看到您的作品，您能不能介绍一下？您为什么要画十几二十米长的画呢？那么大的画不好挂，也不好展示，更不好收藏和出售。

陈： 我至今没有办过个人画展，也没有出版过大型画册，主要原因是自己觉得画风尚未成熟，许多画都是半成品。另外，现在搞展览排场太大，年纪大了怕折腾。抽象画《墨象》展出过一次，当时还让大家眼前一亮，感觉到了一种新鲜而朝气蓬勃的生命感。内容也比较丰富，很有童趣，小朋友都喜欢临摹。

我画了很多很大的画，有些从20世纪90年代开始画，至今还没有画完。除了前面谈到的《宝岛物华》《墨象》《南国丽日》，没完成的还有《大美青藏》《生命传奇——南方》《生命传奇——北方》。这些画都十几二十米长，我自己现在看也觉得不可思议。但当时心中有魔，一着魔就疯狂，不顾一切地想画出来看看，满足那种莫名的冲动。现在回顾，也为自己感动。现在基本上不画那么大的画了，以前没画完的现在慢慢找感觉再把它画完。现在画画比过去舒服多了。

杨： 您的绘画理念和表现手法是否已经形成自己的特点和风格？请谈谈您在绘画技法和表现形式上的具体做法。

陈： 无论文学还是艺术，主流的创作模式是形式服从内容。但我的创作很多时候都是形式思考先于内容，先考虑表现某种形式趣味，再考虑以何种客观事物为载体，这反过来就变成了内容为形式服务。比如，我不是画棕熊，而只在纸上玩水墨。很多人不一定理解，就像一本书打开以后，别人不知道怎么去看。我想表达的是形式，而不是内容，内容变成我表达形式的载体，如果你带着这种眼光去看我的画，就会有不一样的认识。我就是想要传达这个形式，就是想画这种水墨的效果给你看。

《喜重逢》基本是从形式感出发的，我就想用焦墨的感觉画一个题材，藏族的衣服比较奔放、随意，头发少一笔或多一笔都没关系，也不影响整体效果。这就是先有了想法和形式，然后再去找合适的内容去完成的创作。

我画抽象画，但不是刻意要画抽象画。我的抽象画和我寻找从形式出发的方法是结合在一起的。就像那幅《墨象》，画面中有很多墨的变化，各种水墨的变化，如果用写实的方法，笔墨就展不开，画面安放不了太多的形态和团块，就不能淋漓尽致地表达，所以就用抽象的形式来表达。

我一直在追寻着自己的想法和做法，还在不断探索，但风格尚未成熟，生命够长的话，或许能做得更好。

杨： 您在绘画艺术领域探索耕耘几十载，作品的表现手法越来越成熟，数量也越来越多。那么，您还有什么样的心愿想要实现？

陈： 对我而言，画画就像吃饭和睡觉一样，是生命的精神需要。有耕耘，播下种子就会开花结果。成果优则与社会分享，尤其是家乡的父老乡亲，故朋好友；成果劣则堆肥养护他物。这是一种心愿。

杨： 您是中国画领域成功的创新探索者和先锋。您对后辈们有什么样的期望呢？

陈： 我是一个探索者，却不是先锋。因为自己是过来人，所以对年轻人要多赞扬、多鼓励。只要他们真的爱好，天天坚持，就一定能画好。但这是一辈子要付出的苦差事，如果想图名求利，想大富大贵，那么，干其他事的成功率会更高。

陈新华作品《南海》（240cm×200cm，2021年）

附

陈新华小传
Biography of Chen Xinhua

　　一颗椰果在海上漂着、荡着，因其基因驱使，它寻着觅着，找一片沙滩住下来，之后生根发芽、开花结果，这是生命的历程。陈新华，1949年出生于海南岛万宁县万城镇一个开中药铺的家庭，出生第二年就差点儿丧命。解放海南时，解放军追击国民党部队残部。在兵荒马乱的年头，老百姓见兵就躲，分不清国民党、共产党，母亲怀抱着不足一岁的他，也在逃难的人群中。他不停地啼哭，大伙儿担心暴露，催母亲将他扔掉，母亲死活不从。真是母爱伟大，不然如今他又何在呢？

　　1950年5月，海南岛解放，陈新华的父亲是他们那个地方唯一一个吃祖田的读书人，是五四新文化运动时期反封建的激进青年。他父亲与母亲的婚姻，因同姓而遭到家族及全村人的激烈反对，但是他父亲拒不屈从。因此，才有了他们今天的一大家子。他父亲早年曾参加革命活动，所以中华人民共和国的成立让他格外兴奋与激动，也充满了梦想与期待。于是，他给与新中国同龄的儿子取名新华。他也是父亲唯一亲自起名字的孩子，其他兄弟姐妹的名字都是阿大、阿三、阿姐、阿妹，直到上小学，他们才给自己起了名字。从此，陈新华与新中国一起成长，国家发展的每一个进程都在他身上深深地打上了烙印，如大江东去，无论有多少艰难险阻，多么蜿蜒曲折，却始终前进不息。

陈新华的人生经历大体可分为以下几个时期。

1949年到1956年是陈新华安稳的幼儿时期。他父亲开办药材铺"广仁堂"，是坐堂医师。由于为人厚道守信，因此生意兴隆，家道殷实。幼时的记忆给陈新华留下的印象是甘甜如饴、温暖美好的。他的绘画天赋也是在这个时期显现出来的。三四岁的他不喜打闹，喜欢自顾自地玩，痴迷画画，家中墙壁、桌凳、衣帽都被他当成画画的纸张。他常常是流着鼻涕仍然专心画画，邻居见之感叹，这孩子以后必成画家。1955年，国家实行公私合营，"广仁堂"归国家所有，他父亲转到万城镇东门医院任中医师，陈新华入读万城镇东门小学。那段时期，一家八口全靠陈新华父亲70多元的工资生活。家境虽已大不如从前，但也算安稳无忧。

1956年至1963年是陈新华苦涩的童年时期。1960年，陈新华从东门小学（初小）毕业，考入万城镇中心小学（高小）。当时，仍然喜爱绘画的他发现了钱松嵒的《砚边点滴》和吕凤子的《中国画法研究》这两本书。为了买这两本书，他攒了好久的钱。他从这两本书中知道了中国画"绵里藏针、力不外露、骨法用笔、中锋用笔"等知识。他说，这两本书是他的启蒙老师，对他来说有十分特殊的意义，所以至今仍完好无损地保存着这两本书。从1957年开始，国家进入政治运动频发时期。1958年，他父亲被派往广东省中医学院进修学习，避免了"反右"运动。其间发生了"大跃进"、人民公社化、大炼钢铁、"除四害"等运动，国民经济衰退，进入三年困难时期，不得不压缩非农户口。陈新华一家因他父亲的缘故，被迫举家迁回老家大茂人民公社长星生产大队青路仔生产小队，陈新华转学至芒坡小学。1963年，他考入万宁县中学。那段时期极其艰辛。他说，记忆中家里时常吃完一顿，米缸就空了。除了采野菜、野果充饥外，他们甚至捡来荔枝核磨粉煮糊填肚子。为了改变现状，陈新华勤奋用功地读书。当时，煤油奇缺，没有灯时，他甚至在月光下读书。他说，如今的近视就是那个时候造成的。他父母日日辛劳，但是一个劳动日只能得到3分钱的报酬，远远不够几个孩子的学费，只好将祖上留下的椰子树一棵棵地卖掉。真是可怜天下父母心，不知道那时他们是怎样拉扯大一群孩子，并且不让一个孩子失学的。

1966年至1982年是陈新华幸运的青年时期。1966年，他从万宁中学毕业。之后"文化大革命"爆发，全国大专院校停办，学生停课。当年，江西劳动大学是办学的一个样板，各县都学习创办劳动大学。劳动大学属中专性质，由国家供给，于是他考进万宁县劳动大学。1968年，劳动大学停办，他提前毕业。毕业后，他当了两年农民，又做了三年民办教师。三年民办教师的经历丰富了他的各种爱好。1970年，国家恢复大学招生。1972年，经海南省文艺创作组推荐，陈新华以优异的成绩考入当时的广东省人民艺术学院（今广州美术学院）。这是他人生中一次华丽的转身，是真正改变命运的一次转身。1975年，从广州美术学院毕业后，他被分配到广东省工艺美术学校任教。"文革"结束后的

1978年，全国高校恢复招收研究生。1979年，他考入广州美术学院国画系山水专业研究生班。1982年，他毕业留校任教，从此踏上了教研中国山水绘画的道路。相对于其他同龄人，陈新华是幸运的。当时，绝大多数毕业生要么扎根农村，要么回城，像他这样的少之又少。当然，这也是他勤奋努力读书的结果。

1983年至2010年是陈新华负重的中年时期。这27年是他生命中最重要的一段时间，他一路负重苦行，上有父母要赡养，下有孩子要养育，帮亲扶友，自顾无暇。在本职工作中，提升、评职称、提薪、分房子，让他感到"压力山大"，整个状态就像一句广告语说的，"晚上睡不着，白天醒不了"，称得上"悲惨世界"。重压之下，他的情绪、思想和情感便在洁白纯净的宣纸上倾泻，绮丽的思维构图、新颖的表现手法、与众不同的绘画语言让他的作品一露脸就引起很大的反响。虽说陈新华喜欢平淡纯真的生活，但压力所迫，他频繁参展。他的作品三次入围全国美术作品展并获奖，多幅作品被中国美术馆等机构收藏。2000年后，他基本不再参加各种美术活动。后来，他将自家的住房改造成一间大画室和一间起居室，房顶建成了花园。他便在自己的"世外桃源"中潜心绘画，在色彩与水墨间游弋，在似与不似间转换，美好的灵感在独处的寂静中频频闪现。十几二十米长的宏幅巨作一件件、一幅幅，在他一笔笔、一点点的描画中绽放。

2010年，陈新华正式退休，自此，他进入自在的老年时光。世俗事务终于了断，如今的他读书作画、栽花种草，悠然自得。他却感叹说："夕阳无限好，只是近黄昏啊！"他担心生命有限，完成不了他的所思所想——他心中的象。所以，他的退休不是真正意义上的退休，而是进入另一种工作（创作）状态。

2022年1月，陈新华将自己多年写生与教学的风景线描稿整理选辑出部分印刷成《陈新华线描风景》一书，以方便翻阅和回味。这批风景线描稿时间跨度长，集中了陈新华大半生的采风写生；地域跨度大，有北方荒凉的山川、广阔的田野、贫瘠的窑洞、沧桑的树木，也有海岛的海浪礁石、郁郁葱葱的椰林、茂密的雨林植被。就画面表现而言，陈新华用舞蹈般的线条描绘出宏大的场面，又刻画得非常细致，结构精准，极具个性。

画家郭子良说："绘画界主要关注陈老师的重彩和水墨创作作品。从色彩的华丽繁复，到水墨的宏大厚重，这些具有强烈个人风格的创作，其画面结构首先源自他那些极具个性的线描写生稿。"

也许很多人无法理解陈新华为何能乐此不疲地沉浸在自己的"世外桃源"中。但是，他以水墨和色彩为音乐，以线条为舞蹈，以洁白的纸为天地，让思想和灵感尽情倾泻于天地，这又何尝不是一种让人艳羡的状态和境界呢？

A 海南岛写生（2007 年）
B 与陈金章老师（左三）于海南霸王岭写生（2010 年）
C 在工作室为进修班学生上课（2006 年）
D 山西采风窑洞前留影（2008 年）

没时间孤独的孤独者——陈新华访谈

C

D

格调

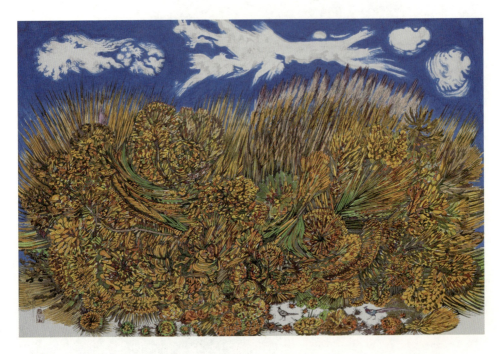

A

A 陈新华作品《吉日》（138cm×92cm，2017 年）
B 陈新华作品《花欢鸟闹林幽》（68cm×45cm，2017 年）
C 笔者采访陈新华（2020 年）

没时间孤独的孤独者——陈新华访谈

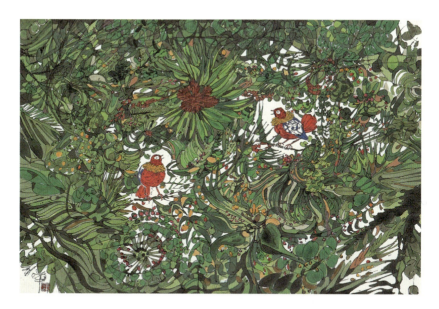

B

C

陈新华艺术年表

Chronology of Chen Xinhua

陈新华,1949 年出生,海南万宁人。广州美术学院教授,中国美术家协会会员。1975 年毕业于广州美术学院国画系。1975—1979 年任教于广东省工艺美术学校。1979 年考入广州美术学院国画系山水专业研究生班。1982 年任教于广州美术学院国画系至退休。

重要参展、获奖与收藏、创作作品

1982 年　　举办"张治安、周彦生、陈新华、刘书民作品联展"。(广州美术学院美术馆)

1983 年　　作品《午歇图》入选"庆祝中华人民共和国成立 34 周年广东省美术作品展"。(广东广州)

1987 年　　举办"张治安、周彦生、陈新华、刘书民作品展"。(广东广州美术馆)
　　　　　　作品《榕荫》被澳大利亚新南威尔士艺术馆收藏。

1988 年　　作品《雨林》《夕辉》入选"绿化广东画展"。(广东广州)

1989 年　　举办"陈新华、苏百钧双人展"。(新加坡鸿翔艺术中心)
　　　　　　作品《密林》入选"中国当代工笔画山水画展"。(北京)
　　　　　　作品《雨林奇》入选第七届全国美展。
　　　　　　作品《歌满坡》入选《美术》。(香港中华文化促进中心)
　　　　　　作品《南岭秋》入选"1989 年广东省美术作品展"。(广东广州)
　　　　　　参加《美术》杂志与香港中华文化促进中心、台湾《雄狮美术》联合举办的"当代水墨新人奖画展",获佳作奖。(北京)

1990 年　　作品《密林》入选《画廊》杂志。(岭南美术出版社)

	参加岭南美术出版社与中国台湾地区台北"隔山画馆"联合举办的"隔山大奖",获二等奖。(广东广州)
	举办个展——"陈新华画展"。(香港城市画廊)
1991年	作品《山林月》入选中国画研究院举办的"1991中国山水画邀请展"。(北京)
1992年	作品《密林》参加"1992国际水墨画大赛"。(海南海口)
	作品《山家》入选"全国首届中国花鸟展览"获佳作奖,并发表在《美术》杂志封面位置。
1993年	《乡土》入选"第八届全国美展",获优秀奖(不设金、银、铜奖),并被中国美术馆收藏。
	获"关山月中国画教学基金"。
1994年	作品《乡土》入选"广东省庆祝建国45周年美术作品展",获银奖并在《美术》杂志上发表。(广东广州)
	获"1994年度广东省宣传文化精品奖"。(广东广州)
1996年	被聘为广东省美术创作院画家。
	作品《周鼎汤盘见蝌蚪》被中国美术馆收藏。
1997年	被聘为广东画院院外画家。
1998年	作品《神奇雪域》入选"庆祝中华人民共和国成立49周年广东省美术作品展"。
	作品《吾乡吾土》入选"第九届全国美术作品展"。(广东广州)
2004年	参加广州美术学院美术馆举办的"十二人画展"。(广东广州)
2005—2009年	投入《宝岛物华》《万古雄风》《大美青藏》等巨幅画的创作。
2009年	参加广东美术馆举办的"丹青岁月·十二人画展"。(广东广州)
2010年	参加广东文联艺术馆举办的"春华秋实中国画八人展"。(广东广州)
	完成大幅重彩作品《宝岛飘香》(365cm×150cm)。
2011年	参加广州美术学院主办的"大家风范·当代岭南十人展"。(广东广州)
	完成《造物浑然》《雄风》《大海大》系列等大幅画作。
2012年	参加广东美术馆举办的"当代岭南中国画双年展"。(广东广州)
	展出巨幅作品《宝岛物华》(280cm×1800cm)。

	参加汕头汕上空间主办的"岭南性格·六人展"。（广东汕头）
	参加广东美术馆、台北美术馆共同主办的"味象·当代岭南写意状态展"。（台湾台北）
	选送作品赴台湾参加"中华心·台湾情"两岸名家大展。（台湾台北）
	参加"从传统走来——中国画名家作品展第七回邀请展"。（北京）
2013年	5月，参加"逸品大观——当代岭南大家中国画作品展"。（广东广州）
	8月，参加"庆祝广东省海南联谊会成立25周年琼籍画家画展"。（广东广州）
	10月，参加北京保利艺术博物馆举办的"大家——当代岭南十人邀请展"。（北京）
2014年	4月，参加"大家——当代岭南中国画双年展（2014）"。（北京保利艺术博物馆）
	8月，参加中国国家画院美术馆举办的"传承开拓——当代岭南中国画大展"。（北京）
2015年	9月，参加广州美术学院美术馆举办的"丹青岁月·十二人师生展"，并展出重彩巨幅作品《南国丽日》（800cm×280cm）。（广东广州）
2018年	12月，整理完成巨幅抽象作品《墨象》（1500cm×280cm）。（广东东莞工作室）
	12月底，参加"广东当代艺术研究——后岭南展"，并展出《墨象》等作品。（广东广州）
2019年	3月，参加广州美术学院"丹青岁月·十二人画展"。（广东广州）

画册出版

1990年	《陈新华画集》（香港城市画廊）。
2009年	《当代逸品·陈新华卷》（岭南美术出版社）。
	《大家讲堂·当代国画大家范本鉴赏——陈新华山水卷》（黑龙江美术出版社）。

2011年　　《大家讲堂·陈新华花鸟卷》（许晓生主编）（安徽美术出版社）。
2014年　　《大家——双年展陈新华作品集》（许晓生主编）（安徽美术出版社）。
2022年　　画册《陈新华线描风景》（内部出版）。

心象如海——陈海访谈

他曾被法国巴黎艺术城主席布鲁诺夫人邀请，到巴黎进行为期七个月的艺术访问与交流，也曾被《罗博报告》杂志邀请创作专题封面。他在法国、日本，以及中国北京、深圳、广州等地举办过多次画展。他是中国知名画家。他不仅被朋友和学生称作"海爷"，还被贴上了"汽车发烧友"的标签。他用画笔调和油彩，在画布上释放思想和感情。他驾驶越野车在雪原、荒漠、无人区驰骋，听着狂野奔放的音乐，疯狂得像一匹野马。然而，他的作品却透着精致与优雅、柔美与神秘。他在寂寥的自然中轻抚大地的肌肤，获得绘画形式变幻的真谛；他在静谧的天地间聆听自然之声，在画中营造出人与风景相望、相生的境域，让绘画成为一种独立于自然之外又与自然心灵契合的艺术世界。他是在袅袅咖啡的香味中、在爵士乐的节奏中、在浓浓的雪茄烟草味中、在水晶高脚杯的烈焰中创作的艺术家。他是将教养融于艺术，又将生活过成艺术的画家。

在秘鲁马丘比丘考察（2019 年）

陈海访谈
Interview With Chen Hai

时间：2020 年 1 月 / 2022 年 5 月
地点：广州美术学院"陈海工作室"
记者：杨丽萍（以下简称"杨"）
受访者：陈海（以下简称"陈"）

（第一次访谈，2020年1月）

杨： 2018年，您分别在北京、深圳举办了两场名为"抽象与真实"的个人画展。这个题目里面包含了您怎样的艺术观？"抽象与真实"画展是您多年来绘画探索的成果，您想通过自己的画展给观众带来什么样的想象和思考？

陈： 我的展览和画册都叫"抽象与真实"，实际上是有原因的。抽象和真实是对立而又统一的，抽象也是一种真实的表现，我把自己真实的内心以抽象的方式表达和呈现出来。艺术家画的东西不一定都能用文字或者语言很准确地传达出来，我也从来不觉得用文字或语言可以很准确地把一个人的想法和思想内涵表达出来。

至于观众能够得到什么，我想这是仁者见仁、智者见智的问题，每个观众都会有自己不同的感受和想法。我只是把我的追求和思考通过作品呈现出来，我的感受在作品里面，我的思考也在作品里面。

杨：　您是怎么走上绘画这条艺术之路的？启蒙老师是谁？

陈：　我的绘画启蒙老师是我在云南艺术学院任教的叔叔、油画家陈绕光，以及在云南省画院的婶婶、版画家李秀。小时候叔叔、婶婶回老家给我们画素描肖像。我觉得很棒、很神奇，那时候开始对画画感兴趣了，虽然离真正专业学习美术还差得很远，但是在学校里常画各种宣传画、写美术字，大家便认为我最能画、最能写。大概在我中学时上山下乡开始了，我的姐姐和妹妹把留城的机会给了我，以便我照顾父母，我父亲很支持我画画，让我去云南的叔叔、婶婶那边学习。对一个刚刚中学毕业的学生来说，这样的学习机会得来不易。叔叔、婶婶教我绘画的基础知识，更教我如何做人。很有意思的是，当时的艺术学院教学是以"户县农民画"为模板的，艺术学院的学生都在学习和临摹农民画。叔叔、婶婶是受苏联绘画影响成长起来的画家，而苏联的教学体系当时也在被批判之列。我在叔叔的指导下，白天到户外写生，晚上在家里画石膏像。学习绘画三年，我画了2000多张习作，这为我的绘画打下全面且扎实的基础。随后，我在海口椰雕工艺厂工作了近三年，画了不少反映工农兵生活的作品，这就是当时大家的艺术追求。正是这些综合美术能力，让我在恢复高考时抓住了机会。

杨：　1977年全国恢复高考之后，您是以海南考区第一名的成绩进入广州美术学院的。您在学校被称为"海南小太阳"，讲讲"小太阳"的故事吧。

陈：　我从小生活和成长在海南，海南地理位置很独特，受热带海洋性气候的影响，蓝天白云，阳光灿烂。同时，还因为我受欧洲印象主义的影响比较深，所以我的画很自然会给人这种阳光灿烂，或者说色彩很强烈的印象。我们这些海南画家，包括何坚宁，都这样，画面跟北方画家的不同。也许还因为我们崇拜凡·高、高更等画家。所谓的"小太阳"，就是大家随便称呼而已，并无特别的含义或代表性。

杨：　您大学入校不久作品就被美术专业期刊《新美术》刊登，引起不小的轰动。您还记得被登载的是怎样的一幅作品吗？

陈：　那是我的一幅《阿里斯托芬》石膏头像素描。以前我们学生的画很难有机会出现在刊物或印刷物上，所以我就因此备受关注。记得当时我们院长郭绍纲去中国美术学院参加全国的美院素描教学会议，他把我的作品也带去了。后来，我的画跟他的画同时刊登在《新美术》上。同学们都觉得，你好像还可以啊，跟院长的作品同时印在画册上了。这在当时对我来说确实也是一种鼓励。

那时虽说改革开放的政策已经开始推进了，但全国各大美术学院奉行的还是苏联的教学体系，画石膏像这一课程在苏联的教学体系里占有很重要的地位,而我也正因为在考入美院前画了很多石膏像,功底比较扎实,所以才被后辈们作为当时的范本。那时候参考资料少,现在年轻人参考书这么多,这根本就不算啥。从今天的美术教育来看,也许这就是个"误人子弟"的典型案例,因为画石膏像的作用被过分夸大了。现在的大学生进校后已不再画石膏像了,这也算是一种进步。

杨: **大家都说,1977级这一批艺术生不得了,内心都有一匹野马。您在大学期间就已经开始寻找自己的绘画语言,追求个性的释放。广州美院当时有没有给学生展示自我个性的空间和机会?**

陈: 与同时代的画家一样,就算进入美院,接受的也跟其他美术学院一样——清一色的苏联教学体系。

我是"文化大革命"结束后恢复高考第一批考入大学的。我对油画艺术的认识也是从苏联式的写实主义开始的。当时我们国家整个美术教育体系采用的教学方法实际上是一套苏联式的美术教育体系,那种所谓的现实主义风格,包括基础教学、创作都是一个模式。我叔叔是苏联教学体系下成长起来的画家,他传授给我的当然也是这些。也因为我们没见过更好的作品,所以觉得苏联那些在国际上排位并不高的艺术家的作品还不错。改革开放后,我们学校购买了一套世界美术全集,印刷比较精良。在当时学校图书馆资料非常有限的情况下,这批书籍对我们来说都是宝贝。图书馆早上七点半开门,我们常常拿着馒头,六点多就在楼

陈海乘坐"红卫轮"赴广州求学（1978年2月）

格调

广州美术学院 1977 级油画系学生在长江三峡写生（1979 年）

梯口等着开门。好像是为我们打开了西方绘画世界的天窗，给了我们一个全新的视觉感受。我们从这些书籍资料里面了解到世界油画艺术原来这么丰富多彩，有这么多流派，有这么强大的一个体系，大为震惊。

　　1979年，我们先参观了在长沙举办的瑞典绘画雕刻展览，有雕塑、油画和铜版画，这是当时我们看到的水平很不错的外国展览。同年，我们到北京参观了法国19世纪农村画派展。这是我们第一次看到西方绘画原作。为了看这两个展览，我费尽心思，无论困难有多大也得去，几十块钱的路费是我家里每个人一点一点凑出来的，去看了才知道油画的源头，见识了绘画世界的丰富多彩。同学们都开始去模仿和尝试，主要包括在课堂上怎么运用一些手法去表达对对象的理解，因为当时画模特都画得跟照片一样。在广州美院学习期间，我们看到了异彩纷呈的西方艺术流派，各有千秋的表现形式让人目不暇接，眼界大开。

杨： 您的大学毕业作品《胶园》受到社会的欢迎，并被《香港文汇报》《花城》杂志刊登，而您却不是很满意，给我们分析一下吧。

陈： 这是很早期的画。我画的是海南胶园的三个女工，因为我对胶园比较了解，毕业的时候就选画了这个题材。其实我毕业的时候画了两张作品，另一张是画黎族的，当时自认为有点诗意吧，现在看起来还是比较肤浅，毕竟在那个年代，思想还是有一定的局限性。不过，这幅画在当时被认为是有现实积极意义的。

杨： 您大学毕业后被分配到佛山一个文化单位，后来的佛山画院是您和一些同行朋友奔走筹建的吗？

陈： 是，当时被分配到佛山一家文化广告公司。差不多两年后，我跟佛山七八个志同道合的同行创立了佛山画院。当时，一个地区级的城市成立画院，困难重重，只能靠大家的满腔热情、不懈奔走和努力，可想而知有多难。

当时赶上改革开放之初，佛山的经济条件也还不错，佛山市一位姓韩的领导比较支持我们的想法，在他的支持下促成了佛山画院的成立。这算是比较早成立的一个地区级的画院，影响力确实挺大。那时，广东地区只有广东省画院和广州画院，地区级的画院少之又少。而画院对于我们画家来说是梦寐以求的殿堂。有了这个机构，我们就可以有更多的时间去搞创作，去实现自己的小梦想。

杨： 是佛山画院开启了您创作的一个高峰时期吗？这一时期，您创作了大量有主题的系列作品，表现手法多样，表现出您思想意识中强烈的反叛和对属于自己绘画手法的探索。那么，您受到了哪些艺术流派的影响？都有哪些代表作品？

陈： 对。读书的时候课程多，没多少时间搞创作，像毕业创作也就给了一两个月时间，所以大量创作主要是在大学毕业到佛山画院后进行的。

　　这个时期受"85新潮"的影响，我进入一个创作高峰期。开始把自己的艺术触角大胆地伸向了当代时尚且颇有异议的印象主义、表现主义等领域。我受凡·高、高更、莫迪里安尼、塞尚等大师的影响较深，于是进行了多样化的艺术探索与尝试。像这个时期创作的"黎族婚礼""沙田女"系列作品，就明显受到野兽派和表现主义风格的影响，体现了我进入抽象主义前对一些西方绘画表现手法的尝试。

杨： **曾获集体金奖并被广东电视台专题报道的"黎族婚礼"系列作品共有多少张？请您介绍一下创作这个系列作品的灵感来源。**

陈： 有20张左右。这个系列中的《出嫁》曾代表中国参加了"阿尔及尔世界文化艺术荟萃"并获集体金奖。

　　当时有个很重要的原因是海南要建省，广东电视台要拍一个名为《解缆扬帆》的专题片，介绍一批在广东省有杰出贡献的海南籍艺术家，包括绘画、诗歌、音乐、雕塑、舞蹈等七八个行业。专题是根据每个人的主要作品选择一个拍摄地点，因为我的作品是以黎族婚礼为切入点的，所以就去了乐东的一个黎寨。

　　我画的这个系列并非重大题材，表现的是黎族人民朴素的现实生活，很有特点。那天晚上，我跟大家喝酒喝到天亮，就是我

格调

陈海作品"黎族婚礼"系列《出嫁之前》(94cm×70cm,1985年)

画里面喝得东倒西歪的场景。当时我也很开心，但脑海里一直装着创作，不断提醒自己不能喝醉，我要思考采用什么样的表现方法才能达到我所要的效果。我当时在佛山画院，有政治任务和要求，所以在心理上可能受到一点限制，要想跨出更大的一步不容易。

当时，当地一些黎族人民引发了我的疑问和思考：他们在这种贫穷落后的地方是怎么生存下来的？所以，我的"黎族婚礼"系列，在题材上比较生活化，表现手法更加主观。这也是我对生命的一种思考，我觉得很有意义。现在看来，从那时开始，我进入了以表现主义的绘画手法进行创作的阶段。

杨： 是什么时候、什么样的契机让您又回到母校任教的？您在佛山丰富的创作经历，对您的教学工作有怎样的帮助？

陈： 我是在1986年调入广州美术学院的，也许是我创作的"黎族婚礼""沙田女"系列作品获奖有点影响吧。我刚调到广州美术学院时在版画系教色彩。当时我一个人负责色彩课程，基于自己的经验和思路，我对版画色彩的教学进行了探索和改进。

在佛山的这段经历实际上也是一种社会实践活动，参展、获奖多少给我贴了金。学生知道了就会佩服你，上你的课就会比较认真。当年，虽然我在版画系教书，但是学校还是很支持我画油画，我也经常参加全国性的专业展览，所以我和我的作品才得以走出广东，走出中国。

杨： 初次见到您的时候，您时尚、粗犷（西部牛仔）的气质让人感觉气场强大。不曾想称呼您"海哥""海爷"的都是您的学生。您对待学生是像孩子还是像朋友？

陈： 两种感情都有，我喜欢跟学生们打成一片。以前讲究师道尊严，老师说的才最正确，老师有点高高在上，可以对学生发号施令。随着改革开放的深入和社会发展，我发觉，很多学生对新知识的接受和理解能力很强，比老师超前，也比较聪明，他们容易接受新事物。如果老师不加强学习，很可能就会落伍。所以我觉得，老师也应该是一个善于学习的人。另外，我自己当学生时也有很多体会，以前的老师会把自己的某个观点强加给学生，或者用他认为好的或者不好的标准来要求学生，我觉得这样并不好，所以我跟他们打成一片，成为朋友。学生包括年纪大的、年纪小的，男的、女的，各种各样的都有。我刚调回广州美术学院招的应届生，很多比我年纪还大，所以这个时候对我的称呼也很复杂，叫"海哥""师兄""海爷"的都有，学生很随意。随着年龄的增长，现在大家都称呼我"海爷"。

杨： 受教学工作的影响，人体画也一度成为您绘画中的一个颇为重要的题材。您创作的系列油画"状态"中的女人体都看不清脸，而且有很多是背影。请问您是想表达自己怎样的一种情感，或者想法呢？

陈： 绘画语言肯定是每个艺术家必须要思考，要尝试，要实践的，人体画也只是我整个艺术生涯中的一个阶段。在社会上几乎没有什么条件可以画人体，只有在美术学院才有这个机会和条件。美术学院人体教学是个基础，也是重要的必修课。在绘画艺术中，女人体是一个永恒的题材。当时也是由于教学原因，要给学生做示范。只有对人体深入了解了，才可以施教。还有，我非常热爱美术教学工作，也比较勤奋，下功夫画了很多作品。

艺术批评家杨小彦也谈过这个"看不清脸"的问题，我赞同他的理解。我画的女人体不是人们通常认为的那样，具有特别的意义，因为我觉得人体特别是女人体，就是一个天然雕塑，我不想画得太真实，看不清脸，这是一种设计，是一种处理手法。女人体画完后，我会故意把头虚化掉，以此来衬托女人体的曲线变化，突出对主题的表达，或者留一个背影给大家一个回味的空间。

杨： **有评论家认为，您对人体画的创新和探索，为中国当代人体艺术史提供了一份真实而宝贵的经验。您怎么看？**

陈： 画人体我比较得心应手，在业内算是有一定的地位和认知度，这么高的评价过奖了。对于人体绘画，后期我逐渐尝试把人体和风景融合在一起，但最后发现还是不满意，于是放弃了对人体的创作，又重新走回对自然风景更为纯粹的抽象描绘。

格调

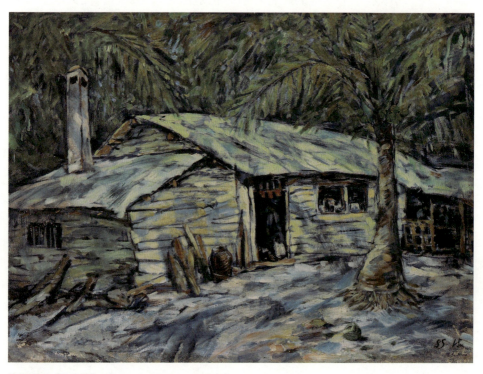

陈海作品《小木屋》（97cm×72cm，1985 年）

杨: 20世纪90年代,您从人体画又转回风景画。这个转变是不是受到了您在巴黎进修学习的影响?

陈: 是,深受塔皮埃斯、基弗等大师的影响。1993年,我作为广东美术家代表团成员去美国,在美国看到了很多大师的原作,那是我第一次走出国门开眼界。之前在北京、长沙看到的都算不上大师级别的作品。

1996年,我到法国进修交流,在向大师致敬的学习中,才对西方艺术有了一个比较全面的、综合且深入的了解。比如,像塔皮埃斯、基弗这些大师的作品,之前曾在一些书籍上看到过一些,当看到原作的时候,才发现太震撼了。那种表现力非常强烈,让人受到很大的冲击,甚至可以说对我的艺术观起到一个颠覆作用。我在大学任教,有一种责任和使命感,需要我全面综合地提高自己的专业知识修养,所以就尽量多看、多收集一些资料,带回来给学生参考。1997年回到学校以后,我把收集回来的高质量素材整理后,首次使用投影幻灯给学生开讲座,讲座很受欢迎啊。对学生来说,这几乎算是看到了原作,受益良多。对学院来说这也是一件很震撼的事。

杨: 对您个人而言,雪莱、拜伦、柯尔律治等诗人的诗歌对您后来的绘画创作有多大影响?

陈: 我学画是从风景画开始的,而风景画一直是我创作的重要题材,尤其受18世纪英国湖畔诗人柯尔律治的影响，从个体生命的角度体验天地宇宙的永恒，对自然、对生命本质的感悟与赞美，体味和思考人与自然的关系。

　　我不敢说自己对诗歌有多高深的理解和造诣，但是喜欢的诗歌很多，喜欢诗歌给人的意境美。当然，对诗意的理解也是因人而异的。不管是西方诗人的诗歌，还是中国诗人的诗歌，它们对人的影响实际上都是潜移默化的。这种影响是我对画面的诗意表达、对意境的表达，就像一幅画有一种只能体会和感受，却无法言说的意境。我一直在追求画面的诗意表达。

杨：　"那边有海峡、岛屿和白帆，隐约的海岸，云雾小山和无边的海洋。"这是柯尔律治的诗，也是您画笔下的故乡吗？

陈：　我觉得这和故乡不一定有关系，我没有强调"故乡"这个概念。比如，我画的"楼兰夜话"系列作品并不是特指什么具体的地方、什么概念，而只是意境的表达。我的情感是真实的，我的画面是抽象的。

杨：　在您的绘画创作中，您极尽想象力地加入了咖啡渣、布条等具体实物来丰富自己的绘画表现语言。您觉得这种尝试效果怎么样呢？

陈：　在绘画中应用综合材料这种尝试，其实国外的艺术家很早就在做了，只不过我们传统的认知还不太接受，也不能够欣赏。这也是

陈海作品《楼兰夜话 No.57》（160cm×200cm，2007年）

我从国外艺术家那里学习、吸收的一些经验或者理念。所谓综合材料，就是在我们的日常生活中随处可见的各种各样的材料，本来它们跟艺术没有关系，但是我用它们来表达我的艺术主张，使这些综合材料丰富了画面的表达，产生一种特殊的效果。当然，有一些特殊效果是可遇而不可求的，所以这也是我跟其他人画风景不太一样的地方。现在我已经不把风景作为我再现对象的一个目标，它已经变成我对这个世界的一种认识，因为世界是综合的。

杨：　**很意外，您还是一位"汽车发烧友"，喜欢驾车探险，您都到过哪些地方？这些地方对您的艺术创作有怎样的影响？**

陈：　我算是一个"汽车发烧友"。

20世纪80年代初期，我买的第一辆汽车是越野车。我喜欢汽车，我觉得男人都喜欢汽车吧。这个机械的东西很好玩，它可以让你随心所欲地去任何想去的地方。当年，因为喜欢汽车，我曾经每年都订阅大量的汽车杂志，研究汽车复杂的性能和结构。后来，我发现自己其实很喜欢这些时尚的东西。我想，艺术需要新鲜的东西来冲击，作为艺术家，也应该与时代保持紧密联系。

另外，我对大漠荒原、雪山草地、无人地带都极其向往，所以当我有了一笔钱后，第一个愿望就是买一辆越野车，实现自己的梦想。我前后一共买过五六辆车，只有一辆是轿车，其他全是越野车。我对越野车够情有独钟吧？当然，我不光去过西藏、新疆，也去过欧洲、非洲、北极、南北美洲等，有些地方去过不止一次，到目前只有南极洲还没去过。这些爱好都是花钱买难受的事情，但这跟性格有关。

我喜欢各种自然风光，比如雪山、湖泊、沙漠、大海，也非常喜欢北极、罗布泊、阿尔金山无人区的感觉。我会开着车在西藏游走二三十天，常常在草原上、雪地上搭帐篷，体验自然的荒凉之美；也在车上仰望星空，感受宇宙的浩瀚无垠。我需要这样度过自己的一部分时光，因为这是我认识大自然的一种非常好的方式，只有这样，才会对自然有更深刻的认识和了解。

一个人只有见多才能识广，没见过多少世面，表达出来的东西还是有限的。没有见过雪山的人画雪山肯定画不好，没看过大海的人画海我觉得也是瞎扯。所以，你现在看到的"楼兰夜话"系列作品，应该是我这二十年追求和实践的成果。

杨： 是什么因素让您给《罗博报告》进行了"命题式"的专题创作？这种"命题式"的创作会影响您的发挥吗？

陈： 《罗博报告》是一本面向特定人群的著名杂志，它每一期都会选择有一定影响力的艺术家创作封面。2010年，在抽象主义艺术诞生100周年的时候，《罗博报告》邀请我为年度车展专题创作封面，它想介绍一些新概念车。虽说在艺术创作上给我命了题，但这个命题也算和我比较契合。因为第一，我是"汽车发烧友"；第二，我有那么一点神秘色彩。

格调

陈海作品《海岛2号》（100cm×100cm，2021年）

陈海作品《海岛3号》（100cm×100cm，2021年）

我创作的这幅抽象画以克莱因蓝为主基调。蓝色本身象征着天空和海洋，象征着没有界限，而这种蓝又被誉为是一种理想之蓝，因此，我想用它来表达自己心中理想的概念车。虽说是概念车，但它毕竟还是比较具象的，所以多少还是约束了我的创作思考。

杨： 您在经历了太多无人区的荒凉之后，似乎心态越来越平和，而艺术语言的表现力却更饱满了。您的"楼兰夜话"系列作品充满了耐人寻味的东西，您在思考些什么呢？

陈： 进入21世纪后，用艺术的方式与自然对话成了我的一种新的艺术表现形式；追问人与自然的关系成了我更为深沉的思考内容；对人类赖以生存的自然环境的关注日益增强，这也是我这么多年来以各种形式游走考察世界各地的原因和动力。我所看到的不再是纯粹的景色，它已经有太多人为的痕迹。从碧海蓝天的海南岛到西藏、新疆，甚至北极，我对自然风景有了一种新的审视态度。

"楼兰夜话"系列作品不能说因为我去过楼兰，我画的就是楼兰这个特定的地方，我没有特指一个具体的地方或者东西，我只是借用一个真实的地名，这些都是真实存在的，我的心也是真诚的，但是我的画面是抽象的，你看不出这是东海还是南海，但是我想表现的是我对母题的一种真实感受和理解。

这二十年来，以"楼兰夜话"等系列作品为主，无论是在画面上使用的综合材料，还是深沉的色调或惨烈的艳丽色彩，都同样表达了我对人与自然之间关系的一种自觉关注与追问。

杨: 您的风景画从最初具象的风景到后来嵌入人体式的抽象风景，再到完全感性风景的表达，其中有一种超越人与自然的意境。这能否说是您敬畏自然之心的表达呢？

陈: 游走了那么多地方，也画了那么多的自然风景，对自然的热爱是发自心底的，对自然的敬畏是与生俱来的。

　　也许是因为我走的地方太多，看到太多生态环境被人为破坏，自然环境变得越来越恶劣，就会觉得很痛心，所以多少都会有一点忧虑和沉重感。在我的艺术作品中，我只是从个人的角度表达了对自然的一种看法、一种感受。我是一个艺术家，艺术家要做的和能做的实际上很有限。如果说艺术对科学发展有多大的贡献，艺术对生活有多大的作用，不见得，我们不能夸大艺术的作用。

杨: "抽象与真实"画展中的作品是否代表您的抽象风景画进入了成熟期？

陈: 这个不好说，对我而言，永远是下一张作品更好、更成熟。

（第二次访谈，2022年5月）

杨: 陈老师您好！距上次访谈时隔两年多。这两年来，新冠肺炎疫情影响着很多人的出行和生活，也影响了这本书的出版，但似乎没有影响您追求艺术的热情。2019年起，您的"无声艺术计划"便以"一幅画、零观众、24小时"的展览形式，分别在荒漠中、荒岛上完成了两期。您为什么会选择"无声艺术计划"这种艺术表达方式呢？

陈：2019年年底开始的疫情的确影响了整个世界与人类，每个人当然都受到了不同程度的影响。其实，我的"无声艺术计划"系列此前便已经拉开了序幕，那么，既然是既定的目标，也只好硬着头皮上了。或许我所选择的活动场地都在荒漠、荒岛之类的无人区，因此所受的限制相对少一些。最终，在克服重重困难后，计划得以完成，的确是万幸。

"无声艺术计划"是我个人艺术表达的另一种发声方式，同样也是我对人与自然的态度、对艺术的态度，与抽象绘画艺术的表达是同一种声音，只是多了一种发声方式。

"无声艺术计划"是以"一幅画、24小时、零观众"这样一种艺术形式来表达的。当一个人独自在荒漠或荒岛这种无人区与大自然面对面时，必然会感受到人类的渺小，也会重新思考人与大自然的相互关系。我希望在这种环境里，通过作品与大自然进行无声的交流与对话。尽管这样做并不一定会有答案，但我觉得这会是一件有意义且值得我坚持做下去的事情。

这个"无声艺术计划"是个五年计划，目前已经实施完成了荒漠、海（荒）岛艺术展，将来还会到雪山、北极等地继续实施这个艺术计划。

杨: 这个"无声艺术计划"是您在创作"楼兰夜话"系列作品时,一直追寻和思考的人与自然关系的延伸吗?

陈: 多年来,对人与自然之间关系的思考、对大自然的敬畏一直贯穿在我的艺术表达之中。"楼兰夜话"系列作品只是我抽象绘画的一个触点与组成部分。

杨: 您的个展"逝去的印迹"去年(2021年)在北京展出,备受关注,这次画展您有何收获?

陈: 北京个展"逝去的印迹"是我在北京举办的第二次个人展览,主要展出了我20年来"楼兰夜话"系列作品,比较纯粹。与第一次个展不同的是,主办方为我举办了一场严肃的学术研讨会,与会的专家、学者对我的作品提出了许多很好的、中肯的评价与批评意见。同时,北京的许多同行和观众也到场参观并留下了许多宝贵的意见,令我受益匪浅。

杨: 有评论家说,如果人能够不断地超越自己,不管他创作了什么,他超越的过程所留下的痕迹都是有意义的。您怎么理解这句话呢?

陈: 人要不断地超越自己是非常困难的,也可以说是一种愿望、追求或一个努力的方向。艺术作品其实就是人类活动所留下的痕迹,至于这些痕迹是否有意义,就看你如何去做、如何去认识(定义)了。

在法国巴黎写生（2018年）

A

B

A 陈海"无声艺术计划"第一站展览"大漠日记"现场（2019年）
B 在青海大漠（2019年）
C 在北京"逝去的印迹"艺术展上（2021年）
D 在四川色达写生（2016年）

C

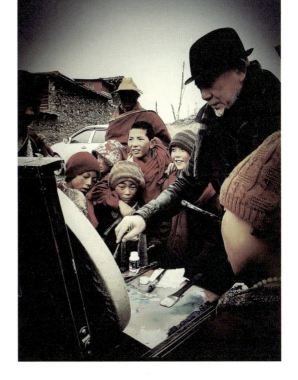

D

A 陈海"无声艺术计划"第二站展览"海岛"现场（2021年）
B 陈海"无声艺术计划"第二站展览"海岛"现场（2021年）
C 在法国圣米歇尔城堡写生（2018年）
D 笔者与陈海（2021年）

C

D

附

陈海小传
Biography of Chen Hai

　　陈海，1953年出生，海南文昌人。家中有姊妹四人，他是唯一的男丁，因此从小就深受家人宠爱。但陈海也深感责任在肩，须分担家庭重任。少年的他懂事、有主见、有担当。这在后来求学和创作经历中都有体现。陈海从小就喜欢绘画，远在云南艺术学院任教的叔叔就是他的启蒙老师。

　　高中毕业后，陈海追随叔叔去了云南。在云南的三年里，陈海白天蹬着叔叔的自行车，在昆明城里城外到处写生；晚上叔叔在家给他指导。这三年的绘画基础学习让他超越了很多同龄人。陈海回到海南后，在海口椰雕工艺厂工作了三年，他常会利用周末或下班的空闲时间，与一帮年轻的画友骑单车到海口长堤、钟楼、海关大楼、海甸岛及海口周边地区写生。

　　天赋加热爱、执着加勤奋，我想这应该是优秀者成功的法则。"文革"后恢复高考的第一年，陈海以海南省第一名的成绩考入广州美术学院油画系。当时，广州美术学院油画系在中南五省只招15名学生，没有扎实的文化课和绘画基础，怎么能把握住这个机会呢？

　　进入广州美术学院，陈海如虎添翼，很快就脱颖而出。他的素描作品和院长的作品同时刊登在《新美术》上，瞬间，他成了同学们羡慕的对象。

他本就是一个有激情、有担当的人，极具号召力。1979年，得知长沙举办瑞典绘画雕刻展览、北京举办法国农村画派展览的消息后，一群充满朝气、有着新思想的大二学生自发组织，自筹路费前去参观。在信息、交通都相对闭塞的年代，这需要勇气和胆识。当他们看到西方的雕塑、铜版画和油画原作，才知道油画的源头，见识了绘画世界的丰富多彩，对异彩纷呈的西方艺术流派有了认识。这两次参观不仅让同学们眼界大开，同时也影响了他们的艺术观和创作思路。

1982年，陈海毕业后被分到佛山一个文化单位工作。具有开拓思想和艺术敏感的人总是走在时代的前沿。一年后，他和一群热爱艺术的同行，奔走筹建起广东省最早的地区级画院——佛山画院。在佛山的四年是他的一个创作高峰期。他把艺术触角大胆地伸向了当代时尚且颇有异议的印象主义、表现主义等领域，并进行了多样化的艺术探索与尝试。他创作了《水乡》和"沙田女""黎族婚礼"等作品。"黎族婚礼"系列作品中的《出嫁》曾代表中国参加"阿尔及尔世界文化艺术荟萃"并获集体金奖。

因海南建省，广东电视台拍专题片《解缆扬帆》，介绍一批在广东省有杰出贡献的海南籍艺术家，陈海作为时代先锋代表位列其中，他展示的代表作品就是具有表现主义绘画特点的《黎族婚礼》系列。在佛山创作的系列作品和丰富的社会经历也成为他迈进广州美术学院的敲门砖。

1986年，他调回广州美术学院版画系任教。他说自己非常热爱教师这个职业，喜欢和年轻的学生们一起学习讨论，他们有活力，对新事物的接受能力强，他们是时代的弄潮儿。1993年，他作为广东美术家代表团的成员，第一次走出国门到美国参观访问。在美国，他看到了很多大师的原作，深受鼓舞。此后，他的绘画表现风格发生了很大的变化。他的女人体画保留了速写的痕迹和味道，模糊了女人体的脸和头，将女人体置于旖旎的风景中，自成一格，深受批评家的称赞。

1996年年底，应法国巴黎国际艺术城主席布鲁诺夫人邀请，陈海到巴黎进行了为期七个月的艺术访问与交流，并在巴黎举办了个展——"陈海作品展"。在巴黎，他对西方艺术和艺术家塔皮埃斯、基弗等有了一个比较全面综合的深入了解。在此期间，他自费购买了当时最好的摄影器材，在参观中拍了欧洲历代很多著名画家的原作照片。七个月后，他回到广州美术学院，将这个"大礼包"献给学生们，学生们从中受益匪浅。这也成为广州美术学院教学中的一段佳话。

2000年以后，他放弃了对"人体风景"的探索与创作，重新回到对自然风景更为纯粹的抽象描绘上。这也许与他喜欢越野探险有关，他去过国内外很多无人区。之后，他的系列作品"状态"和"楼兰夜话"等相继亮相。批评家严善錞说："陈海的楼兰风景系列是沿着艺术史传统而演进的。天际线的上下移动不仅用来调节画面的比例关系，而且还无意中使观众的视线甚至身体也随之从视觉到触觉做出主动的调整。最为令人难忘的是他在天地之间通过从之前所熟知的人体抽离出量感的形态,并将其布置在天与地的交汇处,从而突破了我们从传统艺术史所受教的有关天际线的全部认知。"

美术评论家范景中则这样评价陈海和他的作品:"创造淡远,创造华丽,创造出水光云影,摇荡碧虚,抚玩无极,追寻已远的境界,一直是陈海教授数十年以朗净之笔在画布上孜孜以求的。他一面俯仰自然的风烟变幻,一面细察形式的纤质幽隐;他画中那种人与风景相望、相守、相生的境域,让绘画成为一个独立于自然之外的自给自足的世界,一个人们就像沉浸于自然美景中那样也能沉浸于其中的艺术世界。"

2010年,陈海作为知名画家,受《罗博报告》邀请创作封面。

陈海的人生经历丰富,有点传奇,有点浪漫,有点时尚,他把生活过得很艺术。虽然他已经从教学岗位上退休,但艺术家的作品一直在超越中更新,艺术活动层出不穷。他从未停止对无人区的探索,并且无所挂碍、不知疲倦地往返于城市与荒漠间,追寻着一个艺术家终极的精神诉求。

2019年至今两年多,新冠肺炎疫情仍在影响着人们的生活和出行。陈海克服种种困难,多次进入荒漠无人区实地考察,"无声艺术计划"项目也应运而生。此项目包含了艺术展览发生单元、展览影像记录单元及影像展映单元。2020年9月,"无声艺术计划"第一站展览"大漠日记"以"一件作品、零观众、24小时展期"的形式在青海荒漠呈现,以作品完成艺术家与自然的无声交流。陈海说，这个创意源于20世纪90年代中期他在法国进修时，巴黎美术学院有一个朋友的展览就是以24小时为时间段，从布展到结束就一天。他觉得这个展览的形式挺有意思。所谓零观众，是指无人区的现场，但其实大自然就是观众。当独自一人在荒漠里面对大自然时，无限绵延的寂静反而能让他与自然有一种内在的交流。他认为，他的这件作品应该回归到这种环境中。这样，他可能就会跟自然有某种心灵上的感应。张国龙教授这样理解陈海："当他的作品还原到这种环境中的时候，对应物就出来了，就像一面镜子，映照出他个人的一种心灵和自然之间产生的对话。"

12月，"大漠日记"展影酒会在广州莲花山艺术园举办。陈海与观众分享了他在荒漠的24小时画展的感受和心路历程。次年，他的"无声艺术计划"第二站展览"海岛"以同样的形式在海南完成。他的抽象艺术作品以孵卵破壳的全新模式再次呈现，引起了美术界的广泛关注。

2021年10—11月，在北京锦都艺术中心举办的"逝去的印迹——陈海艺术展"研讨会上，荣剑博士说："陈海教授在艺术创作上具有非常强大的综合能力，一类是他的架上绘画，另一类是他的艺术影像作品。当静下心来阅读和观看他的这两类作品时，会觉得非常的优美抒情，同时也能感受到作品充满非常强大的内在力量。"

"陈海老师是在试图打破这个架上绘画的边界，把架上绘画与行为、与纪实、记录放在一起。"评论家郭亮说，"不管是通过媒介材质还是组织形式，我都能强烈地感受到他的画面带给人的情感和情绪上的波动和影响，甚至是挑战。"这些评价表明了40多年来陈海的艺术创作和艺术探索所达到的艺术思维高度和精神境界高度。回溯陈海艺术创作和艺术探索的40多年历程，从写实具象到人体抽象，到"楼兰夜话"系列作品，再到"无声艺术计划"，陈海孜孜不倦地在艺术的创作和探索中苦苦追寻着如何表达心灵的艺术语言。他在无人区找到了人与自然对话的可能，在绵延无尽的寂静中找到了作品和自然心灵交流的通道（方式）。他用自己独特的艺术表现形式，细腻而又理性的抒发着他对自然、宇宙的感受和情感。他的作品中包含着一种宏大的精神关怀和悲天悯人的关怀，并且闪现出理想主义、理性主义和人文主义的光辉。

把陈海40多年的艺术探索经历与中国40多年改革开放历程联系在一起，就会发现陈海的艺术探索过程正好与中国改革开放以后当代艺术的发展进程同步。著名评论家杨卫说："我觉得今天中国的抽象艺术之所以有意义，就是因为这一代艺术家穿越我们这个时代，经历了命运的挣扎和选择。"陈海无疑就是在我们这个时代艺术发展史上留下改革开放精神痕迹的一位优秀的艺术家。

陈海艺术年表
Chronology of Chen Hai

    陈海，1953年出生，海南文昌人。广州美术学院教授、硕士研究生导师，中国美术家协会会员。1982年，毕业于广州美术学院油画系。先后任职于佛山广告公司、佛山画院。1986年，任教于广州美术学院版画系，1990年起任教于油画系至退休。

重要参展、访问等

1984年	参加"黄金时代油画展"。（中国广州）
1985年	参加"广东二十三人油画展"。（中国沈阳）
1986年	参加"佛山画院首届作品展"。（中国广州）
1987年	代表中国参加"阿尔及尔世界文化艺术荟萃"，并获中国集体金牌奖。（阿尔及利亚阿尔及尔）
	参加"首届中国油画展"。（中国上海）
1988年	广东电视台艺术长廊拍摄系列电视片《解缆扬帆》，专题介绍陈海1985年所创作的"黎族婚礼"系列油画。
1989年	参加"广州十人作品联展"。（中国广州）
1991年	举办个展"陈海油画展"。（中国广州）
	参加"南方油画展"。（中国广州）
	参展"广州美术学院素描大展"。（中国广州）
1992年	2月，参加"广东近代史画展"。（中国广州）
	4月，参加"广州美术学院油画系教师作品双年展"。（中国广州）
1994年	9月，参加"第二届广州美术学院油画系教师作品双年展"。（中国广州）

1996—1997 年　应法国巴黎国际艺术城主席布鲁诺夫人邀请，到巴黎进行为期七个月的艺术访问与交流。

　　　　　　举办个展——"陈海作品展"第二回。（法国巴黎）

2000 年　　参加"广州美术学院教师作品展"。（中国北京）

　　　　　　参加"广东油画艺术大展"。（中国广州）

2002 年　　参加"广东美术馆馆藏作品展"。（中国广州）

2003 年　　参加"广东第二届油画大展"。（中国广州）

2004 年　　参加"广州美术学院油画系教师作品展"。（中国北京）

2005 年　　参加"第二届全国油画风景展"。（中国北京）

2006 年　　参加"广州当代艺术节"。（中国广州）

2007 年　　参加"抽象艺术的中国文本"。（中国上海）

　　　　　　参加"造型与新视觉时代"。（中国广州）

　　　　　　参加"重构与融合——中国当代艺术六人展"。（中国台北）

　　　　　　参加"未来主义者六人展"。（中国北京）

　　　　　　参加"痕迹的艺术"。（中国广州）

　　　　　　参加"CAF 当代艺术展"。（日本东京）

2008 年　　参加"中国现代油画研究展——拓展与融合"。（中国北京）

　　　　　　参加"第二届中国美术院校油画展"。（中国深圳）

　　　　　　参加"第三届广东油画大展"。（中国广州）

2009 年　　参加"长城与篱笆那方"当代艺术展。（奥地利费尔德基希，Feldkirch）

　　　　　　参加"中日美术交流展"。（日本东京）

2010 年　　参加"日本富山国际现代美术展"。（日本富山）

　　　　　　参加"自由立场"艺术展。（中国广州）

　　　　　　参加"中国式性感当代艺术展"。（中国广州）

2011 年　　参加"广州十一人油画展"。（中国广州）

　　　　　　参加"色温——当代摄影展"。（中国广州）

　　　　　　举办个展"陈海手稿展"。（中国广州）

2012 年　　参加"色温——当代摄影展"。（法国巴黎、比利时安特卫普）

	参加"中国景观——当代油画邀请展"。（法国斯特拉斯堡）
2014年	参加"日本富山国际现代美术展"第二回展。（日本富山）
	参加"南方·南方——艺术的60种体验"。（中国佛山）
2017年	参加"回归本体——广东新时期抽象型艺术溯源"。（中国深圳）
2018年	举办个展"抽象与真实"。（中国深圳）
	举办个展"抽象与真实"。（中国北京）
	举办联展"境现"。（德国波恩）
2020年	9月，在青海荒漠中举办个展"无声艺术计划"第一站展览"大漠日记"。（中国青海）
	12月10日，举办个展"无声艺术计划"第一站展览"大漠日记"展影酒会。（中国广州）
2021年	8月，在海南岛荒岛完成个展"无声艺术计划"第二站展览"海岛"。（中国海南）
	10—11月，举办个展"逝去的印迹——陈海艺术展"。（中国北京）
	12月25日至2022年1月，在海南省书画院举办"无声艺术计划"第二站展览"海岛"展影。（中国海南）

出版画册及论著

1994年	专著《陈海油画选》（包括油画、素描、水墨等）（人民美术出版社）。
	专著《女人体速写》（湖南美术出版社）。
1999年	论文《吉哈曼的具象与形式》发表于《画廊》杂志1999年第1期。
	论文《英国皇家美术学院体制考察》发表于《美术观察》1999年第6期。
	论文《法兰西艺术教育——一个侧面的概述》发表于《新美术》1999年第2期，收录于中国人民大学复印资料《造型艺术》1999年第6期。
	论文《每一个形象都倾注了我的一切》发表于《世界美术》1999年第3期。
2000年	论文《塔皮埃斯的"中国情怀"》发表于《东方文化》2000年第3期。
	专著《欧美环境艺术概览》（中国美术学院出版社）。

2001年	论文《艺术的空间》发表于《美术学报》2001年第1期。
2005年	专著《广州美术学院油画系第三工作室》（贵州教育出版社）。
2006年	《陈海》画选（江苏美术出版社）。
2011年	专著《状态》（德国古桥出版社）。
2013年	专著《陈海作品集》（吕澎主编，中国美术学院出版社）。
	专著《陈海手稿》（邵宏主编，湖南美术出版社）。
2018年	专著《抽象与真实》（安徽美术出版社）。
2020年	专著《无声——大漠日记》（内部出版，CHART STUDIO）。

色彩的交响——何坚宁访谈

他不苟言笑，但常爆出精妙冷句让人捧腹。跟他交流，你很难从他的表情里捕捉到他内心的悲喜忧伤，也感受不到他作品中色彩与笔触的奔放以及狂放不羁的性格气质。他的人生跌宕起伏，他却如禅师参透了人生的悲欢离合、生死轮回，他顺应自然，感恩无常。他是天才画家，他在明艳的色彩中享受命运的交响。他是在经历生命摧残、承受命运打击后，在绘画创作中仍然充满激情的阳光少年。

何坚宁访谈

Interview With He Jianning

时间：2020 年 1 月
地点：广州美术学院
记者：杨丽萍（以下简称"杨"）
受访者：何坚宁（以下简称"何"）

杨: 何老师，您这位画家的工作室里竟有这么多CD、黑胶唱片，不知道的人还以为我在采访一位音乐家呢！您现在共收集了多少CD、黑胶唱片和音响设备呢？

何: CD有3000多张，黑胶唱片有23000多张，收集了20多年。黑胶唱片比较贵，有一些限量版和绝版唱片一张就上万元，也有千元一张的，还有几百元、几十元的。但是具体花了多少钱我也不知道。我喜欢古典音乐，如莫扎特、贝多芬、肖斯塔科维奇、柴可夫斯基等名家的歌剧、交响乐，也喜欢爵士乐、流行曲，我有一些朋友喜欢听流行音乐，给他们备着，也顾及人家的爱好。

我现在有12套音响，都是世界顶级的。我这个工作室也可以放电影，像《上甘岭》《秘密图纸》等很多老故事片都有。

杨：　您是从什么时候开始与音乐、黑胶唱片结缘的呢？

何：　音乐我很早就喜欢。收藏唱片是从1995年开始的，我之前生了一场大病，生活无聊，需要音乐来补充生命。当时，除了画画、吃饭以外的空虚都是用音乐来填补的，它让我的生命更加饱满和快乐。没生病我也不会痴迷音乐。疾病带来的那种痛苦让人很无助、很无聊、很伤自尊。我整天待在画室里，很孤独、很自卑，也不想见人。记得当时想着买几只画眉养养，听听鸟叫声，朋友带我去了市场，因为去得太早，鸟铺还没有开门，我们就去了音像城，当时喇叭里播放的是古典音乐，我记得很清楚，那是德沃夏克的第九交响曲《自新世界》。我觉得音乐特别美，从此就迷上了古典音乐，一发而不可收。后来，我对音乐欣赏的要求越来越高，对音乐的播放质量也越来越挑剔。

我先是收集CD，觉得CD音质挺好的，但是经朋友介绍听了黑胶唱片之后，就觉得CD的音质根本达不到黑胶唱片的效果，所以从1996年起，我就开始收藏黑胶唱片。之后的近20年里，我每天都会风雨无阻地挤公交车去电器城淘黑胶唱片，也托朋友从国外带，也邮购。现在互联网非常方便，所以我不怎么去电器城了，都在网上淘唱片。但是对音乐的热爱和需要，至今依然如故。

这些音响的确花了不少钱，但具体多少我不知道。我的画能赚钱，过去我也没想过。现在我觉得，赚多少就得想好怎么花出去才有意思，才属于自己。留在银行的钱是别人的，对你来说没意义。画好画换回钱，让我拥有音乐，就是真正幸福的事。

杨： 那场大病到底给您造成了多大的打击和伤害？在您与死神抗争期间，除了听音乐，您还坚持绘画创作吗？

何： 1993年，我得了病毒性脑炎。这场大病让我连走路都走不直，容易栽倒，讲话讲不出，喝水咽不下，眼睛干涩难受，手抖得抓不稳东西，除了还在呼吸，跟死了差不多，很痛苦、很无助。但我得接受这个现实，这是上天给我的东西。生病之前，我只接受生命中好的一方面；病了以后，人生坏的方面也得去接受，因为它也属于生命的一部分。

即使在患病期间，画画于我依然像每天吃饭一样。手抖得抬不起来，那就左手扶着右手照样画，无论如何都得想办法画画。有时候高兴了就画久一点，不高兴就不画了。画画是我生命的一部分。

杨： 音乐在您的生命与绘画创作中，是一个什么样的角色？

何： 绘画是我生命的一部分，而音乐让我的生命更精彩，它不能替代绘画。绘画每时每刻伴随着我，那是与生俱来的，无法割舍，音乐则让我的生命更加丰富。

音乐有多好我说不出来，但我知道它在我的生命里不可或缺，既让我充实，也让我淡泊。画室就是我的灵魂栖居地，我可以把情绪和感情都装在里边，同时，又能在这里尽情释放我的感情。一个人的时候，听音乐是最好的，可以无所顾虑、随心所

何坚宁作品《海南三亚写生 No.3》（油画，50cm×45cm，2005 年）

欲。音乐给我提供了自然界没有的东西。

杨： **在您与死神擦肩而过后，大家说，您的绘画风格变了。这期间，您思考得最多的是什么？**

何： 我没考虑过自身的变化，只是随遇而安，但是别人说我变了。其实人可能就是这样，你不会花太多精力去关注和感受自己的变化，但事实上肯定是变了，因为经历不同了，接触的东西不同了，思考方式也会有一些变化。不过，变化更多的应该是形式上的变化，内心并没有变，初心不变，不负韶华。

这一时期对生命的思考多了，不生病就不会想这些，病了只能想这些。大病之前，我的很多画都比较具象；病了之后，我就走出了具象。那时候，我的手已经不是以前的感觉了，对事物的感觉也变了，抽象绘画与我的感觉吻合，让我能够更加自由而淋漓尽致地表达自己的所思所想。

看清了世事，一切都顺其自然了。没病的时候游山逛水到处玩，和朋友们吹牛；病了之后讲不了话，吹不了牛。这个时候我的绘画中出现了一种更加自由、更加纯粹的东西，它释放了我的心灵。生命里什么时候出现什么东西，这都是注定的。所以，要善待自己，善待你周围的人。别人帮过你，你现在有能力就帮他们，回报给他们，你就有了很多兄弟姐妹，这种关系会变成一个良性循环。

杨：　这场大病应该说是您艺术人生的分水岭吧！您对自己早期的作品和大病之后到现在的作品，哪一个更满意？

何：　每个时期的作品都挺满意的，因为那个时候有那样的思考和想法。现在的绘画表达不出那个时候的感觉。就像养孩子，一个时期一个模样，任何一个时期都代替不了另外一个时期的模样，每个时期都满意，因为很喜欢。

杨：　您早期的作品内容很多是描绘家乡海南的，这是故乡给予你的宝贵记忆吧？你是什么时候走上绘画这条道路的？又是什么时候离开海南到广州的？

何：　是，现在的画也是表现海南的，只不过形式不同了。以前的景物比较具象，人家看得出来，现在画的是抽象景物，具体的风景不存在了，但是它们的色彩在，它们的灵魂在。

　　　应该是1975年，准备上高中的时候，我就喜欢画画，开始自学，因为我就读的学校连美术课都没有。后来，我老爸看我这么喜欢，看我画的还像么回事，就帮我到处找老师。那时候，我爸出差到广州，就给我买点颜料。因为画很小，所以用的颜料也不是很多。没钱买纸，就用鞋盒当纸，拿乳胶、牛皮胶煮开刷在纸上打底画画。再后来，我就自己想办法动手找画画的材料，打靶板和牙膏就是我的画布和颜料，很有意思。

　　　我家祖上没有画画的或者搞艺术的，所以家庭与我的绘画毫无关系，这可能就是天赋吧。

说起自学油画的道路，我印象最深刻的是在琼中黎母山林场当知青的那段日子。那时候，每天天没亮就出工，天黑才回来，一天要进行十几个小时的高强度劳动。一天下来，我腰酸背痛、疲惫不堪，真想倒头就睡，但我没有。在迷惘的时代，在麻木的生活中，青春的热血不甘地想撕开罩在头上的那张网，而唯一能消解迷惑的只有画画。每天下工回来，别人都睡觉了，我还在昏暗的烛光下画画。我想把自己的梦想画出来，画画可以帮助自己克服心中的困惑和生活上的困难。

记得1976年海口有个机场，我就去画飞机跑道。当时画完后还挺激动，身边的朋友看了也跑去画。他画的时候就被机场工作人员抓了，叫他坦白。他说他的朋友画得很漂亮，就这样把我"出卖"了。那时候，机场防守严密，算是保密单位，我们差点被当成特务了。机场工作人员让我上交画的画，我当时画了两张，就上交了一张，一张保留下来，收录在我的一本画册里了。

那时候，我觉得画画就是跟自己做游戏，是我一天中最开心的时刻。

1977年，我考上了广州美术学院。1978年春天，我离开海南到广州求学，走上了艺术的"不归路"。

杨： **您在绘画之初风格就与众不同，这应该是天赋使然。幸运的是，您在艺术道路上还遇到过几位至关重要的老师，他们是谁呢？**

何: 关则驹、恽圻苍、林墉、陈永锵。

关则驹是我的绘画启蒙老师。他当年在海南儋县（今儋州市），后来调到海口。他画得好，名字在海南很响亮。他单位领导跟我爸很熟，我爸就托那个单位的领导介绍，我就带着画去找关老师。从那时候起，我们就结下了师生之缘。关老师是一个非常大度的人，批评人也比较委婉，让我受益匪浅。关老师对我比较包容，他经常赞扬我，我心里就膨胀了。记得我画了一幅画，色彩掌握得不好，人的脸画得通红，按道理说应该是不好看的，而关老师却说："哎呀，画得不错啊，现在的人都有酒喝，生活幸福，这日子过得多火红啊。"其实他是说没喝酒的人脸色不应该这样红。艺术要讲求悟性，关老师不明说，让我自己慢慢去理解。

1977年下半年，全国恢复高考，恽圻苍和陈卫东老师去海南招生。那年的考生特别多，估计有上千人，场面很壮观，我是以第三名的成绩考入广州美术学院的。在上二年级的时候，恽圻苍是我们的油画课老师，我本身就喜欢自由自在地绘画，又很欣赏绘画天才凡·高的艺术语言，所以我的表现手法和绘画感觉跟学校的教学大纲有些出入，期末油画作业评分时很难过关。正是恽圻苍老师提出，要提倡学生学习多种艺术语言。在后来的学习中，恽老师给了我很大的鼓励，使我在大学里能够将自己最真实的感觉画出来。如果没有恽圻苍老师的支持和鼓励，就不可能有我现在的艺术风格。有这样的老师是我的福气啊！

林墉是教我很多绘画审美理念和做人道理的老师。我在广州美术学院上学的时候，关则驹老师写介绍信，让我去找广东画院的林墉老师。林墉老师和关老师是同学，他跟关老师一样，对我的鼓励和赞扬总是比批评多。我第一次办画展的时候，林墉老师不仅大力支持，而且找人帮我印请柬，掏钱请人吃饭，帮我写文章。我第一本画册的序就是林墉老师写的。林墉老师对我宠爱有加，我感觉自己是天之骄子啊。

陈永锵是把我调进广州画院的老师。1982年我毕业以后在广州幼儿师范任教，画了很多画，陈永锵老师提出让我办一个个人画展。当时我身上没有钱，场地租不下来。陈永锵老师四处奔走，找到了当时主管文化公园里"广州画廊"的黎耀西先生，并帮我交了150元场地费，这才让我的个人画展得以举办。

杨： 据了解，您在广州美院上学的时候被大家称为"海南高更"。请您介绍一下。

何： 其实我到广州美术学院之前，一直都在海南，画画就是凭感觉，是天赋，我也不知道还有高更这样的画家。大家说我的画像高更，我想大概是我和高更的审美很相似吧。到广州美术学院之后，高更、凡·高、马蒂斯这些大师对我似乎都有一点启发，但是后来我也很少关注了。

杨： 据说，您在广州幼儿师范学校的那间位于瘦狗岭的宿舍，小偷都

大学二年级同学（左起：江锡荣、辛虹、李晓鸿、何坚宁）(1979年)

不敢进。这是怎么回事？

何： 在广州幼儿师范学校任教的时候，我每天除了上课，就发疯似的画画。当时，我宿舍堆了很多画，摞起来一直到房顶。林墉老师去看我的时候担心地说，万一小偷进来偷东西，弄不好，画全部掉下来把小偷砸死了怎么办，这是谋杀啊……呵呵。

杨： 您用了不到十年的时间，走上了职业画家的道路。这对任何一位画家来说都是幸运的，您是怎么做到的？

何： 那要不断地画画，不断地出好作品，人生的路就会顺一些。

在广州幼儿师范学校任教的时候，我就特别想当一个职业画家。如果每天除了吃饭睡觉，就是画画，那就太幸福了。为了这个目标，我不停地画，把宿舍堆得满满的，只留一张床。当时觉得跟画睡在一起，闻着油彩的气味就特别满足。

画越画越多，也就不断地参展，举办个展，作品不断登报、入选画集，偶尔在报纸和电视上露个脸，生怕别人忘了我。后来，我也加入了广东省美术家协会。再后来，又有文章对我的画做了评论，我也出了画册，大家说我画得还可以。作品也逐渐受到国外收藏家的关注。整整九年，我除了教学，还画了100多幅画，所有的条件都符合调入广州画院的要求，我总算如愿以偿，走上了专业画家的道路。

色彩的交响——何坚宁访谈

何坚宁作品"阳光"系列（150cm×150cm，2016年）

杨：您的画在广东乃至全国、欧洲美术界都得到过很多追捧。有100多篇评论文章评说过您的画作，甚至有一位与您素昧平生的法国艺术评论家评论说，不一定要成为资深汉学家才能了解何坚宁。您怎么看？

何：我对别人写的评论文章不会太关注，也不会太当真，因为画家根本不会去关注这些。他只关注怎么画画，怎么表达他的内心，这比较重要。

  2010年，我在法国巴黎举办画展。法国评论家杰拉德·古西格在巴黎看到了我的画，他很喜欢，写了评论，但是我没有关注，也是别人后来告诉我的。杰拉德看过和评价过的作品很多，应该说，他对我的画的理解是正确的，我非常认可他对我这些画的解读，因为他到了那个高度。绘画和语言是相通的，不需要翻译，他看着画面那些笔触、笔法、色彩就知道你在想什么，因为你必须这样想，才能够画出那样的画。就如"相由心生"这个词一样，你的画面也是随着你的内心思考而产生的，所以他不需要问你，看画就知道你在想什么。

杨：看到您作品中那明快、鲜艳、奔放的色块就会让人激动、兴奋，就像看到了我的家乡——新疆的阳光、蓝天、草原和热情的舞蹈。您去过新疆吗？

何：没有去过，连北京也没有去过。热烈、奔放、强烈的阳光色彩比较符合我的艺术感觉。

杨: **人们常说，行万里路，风景在路上，灵感在路上。您的创作灵感来源于哪里？**

何: "行万里路"这句话没错，很正确。但是像很多"大家"，他们哪里能走万里路，但你听他们的音乐，就像走了万里路。我们今天坐火车、动车，肯定比贝多芬行走的路多，但我们的心未必有贝多芬走得远。我连北京都没去过，虽然没有行万里路，但是心已经在万里之外了。我的灵感来自自己的内心，不需要去找灵感，我内心仍然保留着少年时的激情，随时都可以激发出来，表现在画面上。

杨: **您这些舞蹈般跳跃的色彩来源于您对故乡的记忆吗？**

何: 应该是。那里的阳光、天气、环境在我的脑海中有很深的印象。不过，我不会沉浸在故乡的感觉里。虽然我出生在海南，但主要生活在海口，海南很多地方都没去过。应该是海南整体的阳光、色彩、人情使我产生一种共鸣，而不是某个具体的地方。

其实我也在想，我们海南有很多画家，他们为什么不画这样的色彩？为什么不是这种感觉？从这点上，我又否定了很多认为绘画灵感来自故乡印象的想法。我认为，这种艺术天赋是与生俱来的，是上苍给你的感知能力。所以，我认为，很多事不是那么简单就可以下结论的。

杨： 您的绘画从最初的具象风景到后来的抽象风景，有没有阶段性的色彩偏好？

何： 好像都差不多，又好像有，总的来说没有变化。这不是我的偏爱，是我的感觉，不管画灰啊、蓝啊、绿啊……都是我表达对象时的需要，是我对色彩的应用和情绪表达的需要。

杨： 海南于您而言是用来怀念的故乡还是家？您常回海南吗？

何： 故乡于我而言没有很具体的概念，因为父母在，有父母的地方就是家，所以海南一直是家的感觉。我常回海南，每次回去也会去写生画画，我那里朋友多。

　　广州也是我的家。广州是我生活、工作了大半生的地方，有亲人，有朋友，有事业，还有生命中的点点滴滴。能够坐在画室跟朋友喝茶、聊天、听音乐、发呆，我觉得是最幸福的事情。我认为，只要灵魂是在最舒服的地方，那么，那个地方就是家，我心安处是吾乡。

杨： 我从您的画里看到了草原民族的热情、奔放与自由，从您收集唱片这个爱好中感受到了您的执着，从您工作室的茶台感受到了您的好客与随和，而偏偏您是这么一位风轻云淡、不急不躁、处事不惊又眼里充满探究和思考的人。难道您这种冷静的表情也是与生俱来的吗？您的激情从不表现在脸上，那么，表现在哪里？

何： 嗯。我的激情表现在画面上。我画画的时候一样很冷静，而内心却在燃烧，就是我能够寻求到火山跟镜子的平衡。我用色彩和笔触表达自己的激情，就像评论家能从你的画面知道和了解你的创作状态一样。

杨： 您现在出画册的频率比较高，高到什么程度？画一幅画一般需要多长时间？

何： 现在比较高，有时候一年出四五本。现在出书我有代理公司，就让公司去帮忙完成。以前是我自己完成出版，所以就比较慢。到目前，我出了78本画册，办了22场个展。

  有时候一幅画要分几天画，我不可能一次完成它，每天也就画两三个小时。

杨： 据了解，大学的时候你们集体去三峡写生，您画画非常快，别人画一两幅，你画十多幅？

何： 对，那时候就像发狂了一样，40厘米×50厘米的画，我一天画11幅。他们说没人打破这个纪录，我也不知道，反正到现在我还没听说有谁一天能画出那么多。

杨：您的爱妻莎莎2018年因病去世，您写了一本16万多字的随笔来纪念她。您说，她走的那天晚上带走了所有星光。她是您生命里的星光，没有星光的生活，您是怎么过来的？

何：一定要面对现实，这很重要。人人都得面对生老病死，只不过她是提前走了。没办法，她走了，很可惜，但是你得接受，这是人生的一部分，也是生活的一部分。你既然爱生活，就必须接受这一部分。天堂在宇宙，她在天堂，那颗星星在宇宙，也在我心里。

她走了以后，我的生活有落差，尤其是心理落差更大，我要面对她已经不在的现实。因为要生存，就一定要觉得自己可以应对生命中的一切变化，这一切都要自己承担。相对而言，我还是比较独立的，生活上的依赖性不是很强，这可能是因为我当过知青。没有人帮你，你能不能生存很重要。

杨：您曾谈到您的成就里，您夫人有60%的功劳，能说说吗？

何：那时候我在广州幼儿师范学校任教，特别想去画院。我老婆大着肚子去求人要我，最后也没办成，但是这件事很让我感动。很多事她很包容我，都让着我。我能做的家务事她都不让我做，都揽去自己做，尽量让我去做我喜欢的事情。今天手机电话停机了，我也不知道，因为以前都是她缴电话费，现在哪个电话绑定的是哪个银行卡我都分不清，得慢慢去整理，把所有的卡都变成我的

色彩的交响——何坚宁访谈

何坚宁与家人在海口（1992 年）

卡。以前这些我根本不用操心，电话拿起来就打，不知道拿钱去哪里交话费，但是我现在就得去打理这些事，就得坦然去面对现实。

在广州画院评职称时，所有的申报材料都是她帮我写的。面试的时候，我因病话说不清，她陪着我给人家翻译，回答问题的时候，都是她代我转达，她是我的传话筒。

原来在师范学校的住房是70平方米的宿舍，到画院之后分了住房。我夫人从来没有跟我说过要换大房子、好房子。这一点她真的很不错，她从来不给我压力。我喜欢黑胶唱片，再贵她也支持我买。

杨： **您夫人离开您已经一年多了，但是您会经常去墓地，风雨无阻。您是一直放不下她，还是以这种方式纪念她？**

何： 因为她的墓地离我这里很近，所以我经常去，有什么事情也会和她聊聊。如果说是不是放不下，那就没这么简单了。我已经放下了，只不过这种形式会让我心里得到另一种安慰。不管好事还是坏事，我都会告诉她。今天上午我就去了，清理了一下墓碑的灰尘，浇浇花，说说话。像我这种理性的人，知道人死了就是死了，她不能复活，但这种纪念方式让我的快乐和忧愁多了一个人分享和分担。

我常去墓地跟她说说话，不仅仅是为了纪念她，更是感恩她。想想这么多年，她也曾是一名很有才华、善良开朗的音乐老师。她为我们这个家付出了很多，当时我没有太多感觉，人走了以后，回头想一下，她那时候带孩子、煮饭、帮我调工作……可想而知她当时多难，多不容易。所以，我要感谢她。她在世时信仰基督教，《圣经》里说她是去天堂了。她不在人世间了，在我心里是换了个地方。想念她了，有高兴的事情了，就去跟她讲一下。过去她让我做的事没有做成，现在做成了我就告诉她，我已经办好了。你就觉得有人在听你说话，至于听得到听不到，都不重要了，也无所谓了，那一瞬间你告诉她了，也就安心了。一年多了，去她的墓地跟她说说话，已经成了我的习惯，我也觉得这是件挺有意思的事情。

杨： 从您走上绘画道路，到大病之前，您的人生应该是幸运和一帆风顺的。而经历了大病与失去至爱之后，您是怎么看待幸运与灾难的？

何： 我能画我喜欢的画，能买我喜欢的东西，我的生命给我的爱好、理想，我都实现了，我是幸运的。我的人生，包括生病，我都觉得一帆风顺。因为大病并没有使我死亡，只要接纳了，面对它都是好事儿。我岳母有一天给我打电话说，上帝派莎莎在人间把事情办完了就回去，她把事儿办得好就提前走了。我觉得挺有道理，她的任务完成了，剩下就是我要完成的。不管幸运还是灾难，我都要认真面对现实，接纳一切。

杨： 音乐、油画、喝茶、和朋友聊天……是您现在的日常生活状态吗？一般在什么状态下才画画？

何： 我的日常生活一直是这样。也不是非要有什么特别的状态再去画画，想画的时候就去画，灵感、激情一直都有，想画的时候每天都有灵感，有时候也会把灵感转化为喝茶。有时候有灵感，又刚好有空闲，就画两三个小时。

杨： 据了解，您的朋友很杂。他们也都常来您的画室喝茶，是吗？

何： 对，我很接地气，接触的人里面除了艺术家，还有教授、诗人、画商、企业家、协管员、律师、警察、音响发烧友、卖音响的、木工师傅、司机，什么样的朋友都有。他们都来我这里喝茶，很随意，天南地北，我们都会有很多共同话题。我发现，我跟谁都可以聊天，我从小就是这样，喜欢交朋友。他们来我这里喝茶、聊天、听音乐，基本上都是我听什么，他们也听什么。不过，我也准备了爵士乐和流行音乐，以供朋友之需。

杨： 那能不能介绍一下你的画室"就这样"这个名字的来历和含义？

何： 这个呢，有一位领导在我画室聊天，他说你的画室其实按你这个人的性格和做人方式，很适合"就这样"。我也认可，后来，林墉老师题了这几个字。这个名字已经在国家市场监督管理总局商标局注册了十多年，现在还在继续缴费，一年一百块钱。

"就这样"的含义是：第一，做任何事情时，保证你尽力了，就这样了；第二，做人要有自己的骨气，不要受任何东西的影响，就这样；第三，就是随遇而安的意思。

杨： 您是否想过将来会有一个个人美术馆，存放您2000多张油画和两万多张黑胶唱片？

何： 这是一个愿望，我相信上天会成全我的这个愿望。我只管做好自己该做的，画好自己的画。

杨： 作为一位成功的油画家，您能对广东美术界的后辈们提一点期望吗？

何： 顺其自然，只有努力，没有那么多捷径。去努力了，该得到什么，最后是上天定的。

附

何坚宁小传
Biography of He Jianning

何坚宁，1960年出生于海南琼海，在他4岁时，父母举家搬迁至海口。少年时的何坚宁就显露出他艺术上的天赋。"文化大革命"时期，各单位、集体流行出墙报宣传革命思想。每次出墙报的时候，他父亲就会拿回来一张全开大白纸交给他画报头。他会很认真地画上工农兵高举革命红旗批判走资派的场景。每每这个时候，他都心花怒放、自信满满，他要充分展现自己的绘画才能，赢得父亲单位叔叔阿姨的表扬。久而久之，他的画技得到了锻炼和提升，绘画水平和兴趣也在赞扬声中不断提高。

1975年上高中的时候，因为学校没有美术课，何坚宁就开始自学。他对绘画的执着和热爱，父亲都看在眼里，每次出差到广州，都会买点颜料来支持他。没钱买纸和画布，他就用鞋盒当纸。他还想办法自己动手找材料，打靶板、牙膏都是他的绘画工具。在父亲的帮助下，他成为关则驹的学生，从此更加勤奋学画。

在琼中黎母山林场当知青的那段日子，是何坚宁自学油画道路上最艰苦的日子。他每天起早摸黑，白天承担十几个小时的高强度劳动，晚上腰酸背痛地拖着疲惫不堪的身体回到宿舍，伴着昏暗的烛光画画，他在画自己的梦想。而唯有在这个时候，所有的困惑和困难才会消失殆尽，他的心才能获得平静和快乐。他说，当时画画就像跟自己做游戏，是他一天中最开心的时刻。

1978年春，他以海南艺术招生第三名的成绩考上了广州美术学院，离开海南到广州求学。作为关则驹的得意学生，他得到了老师的关心爱护，关老师把他托付给广东画院的同学林墉老师。在广州美院的四年，林墉老师给予他很多人生与艺术上的指导和影响。那时的何坚宁有点自负，也很"奇葩"。有一次，他叫同学帮忙，一起扛了一捆画去找林墉老师指导。

毕业后，何坚宁被分配到广州幼儿师范学校任教。任教期间，除了上课，他就在自己位于瘦狗岭的宿舍里画画。他说，那时缺吃少穿，自己从小就营养不良，还要画画，瘦得像条狗，倒是跟这地名有几分相似。他对绘画的执着有点疯狂，他的宿舍里堆满了画。因为他心中还有一个梦想，就是去广州画院工作，如果能够每天除了吃饭睡觉就是画画，那他就觉得很幸福、很满足了。为了实现这个梦想，他不停地画，不断地参加展览，入选第六届、第七届全国美展并获奖，此外，还获得各种奖项。何坚宁性格淳厚，为人憨厚真诚，人缘极好。在广州美术学院时，同学们总会对他格外关心，时常给他苹果、馒头。当他的画越积越多的时候，是陈永锵和林墉老师帮他办了第一次画展，所有费用支出全靠两位老师掏腰包。

1991年，何坚宁如愿走进了广州画院，开启了一名职业画家的艺术人生。他勤奋、才华横溢，一路走来又有高人指点、贵人相助，可以说人生完美。

然而，天有不测风云，人有旦夕祸福。1993年，何坚宁不幸患了一场致命的大病——病毒性脑炎。这使他走路失去平衡，讲话讲不准，喝水咽不下，眼睛干涩难受，双手发抖无法拿稳东西。他说，除了能呼吸，就跟死了差不多。痛苦、无助、孤独、自卑一起向他袭来。遭遇如此厄运，很多人都会绝望，难以振作，而他坦然地面对一切，初心不变，不负韶华。他手抖得无法画画时，就左手扶着右手画。他说，这是上天给他的，好的和不好的都得去接受，因为它属于生命的一部分。也许这就是成功者与普通人的区别吧。

苦心人，天不负。他的疾病慢慢好转，绘画风格也发生了翻天覆地的变化。过去比较具象的风景变成了抽象的色块，他打破了物体原有的形状，只留下阳光和色彩，绚丽夺目。他凭着天赋与执着，又一次创造了自己的艺术辉煌，创造了一个属于自己的艺术世界。

在这场大病中，音乐补充了他的生命。之后，他就爱上了古典音乐和唱片，对音乐欣赏的要求也越来越高，对音乐的播放质量也越来越挑剔。从1995年开始收藏唱片至今，他收藏CD 3000多张、黑胶唱片23000多张、音响12套。在没有网淘的十几年里，他更是每天风雨无阻地乘公交去音像城淘唱片。他画画执着，对音乐也如此极致，不能不说这也许就是艺术家的天性吧。何坚宁说，绘画是他生命的一部分，而音乐则让他的生命更加饱满和快乐，拥有绘画和音乐，是他真正的幸福。

成功幸福的艺术家总是用他们与众不同的方式跟人交流，他们会有一个固定的朋友圈。而何坚宁的朋友圈很广，他不仅有艺术圈、文化圈的朋友，而且还有企业家、协管员、律师、警察、音响发烧友、卖音响的、木工师傅、司机这样的朋友。他寡言淡语，说起话来语速虽慢，却常常爆出"金句"，富含哲理又让人忍俊不禁。他的热情从不表现在脸上和语言上。他常在"就这样"画室，沏一壶清茶，放一张唱片，静待朋友来与他共度美好时光，还会准备朋友喜欢的音乐唱片。他如今的生活常态就是绘画、听音乐、与朋友喝茶聊天。

他是一位高产的画家，每年至少出版一本画册，到目前为止，他已经出版了78本画册，举办了22场个展，其中在国外举办了13次展览。

在新冠病毒肆虐华夏大地的特殊时期，何坚宁用画笔和画刀记录了国人共同抗击疫情的感人事迹。他用大胆洗练的笔触、用素净的蓝白色把时间定格在一个个瞬间。医护人员抢救病人的感人场景在他的画笔下呈现为饱含深情的永恒的画面，他以此表达了对最美医护人员的钦佩与颂扬之情。他还将自己创作的抗疫题材代表作品《生死博弈》《为了明天》捐赠给了广州艺术博物院。

他是一位天才画家，也是一位参透生命的画家，他的作品就像用色彩写就的诗、用色彩跳出的舞、用色彩谱写的歌，惊艳了时光，温暖了岁月。

格调

A　在唱片店（2006 年）
B　广州美院 1977 级同学在汕头（1979 年）
C　在广州（1990 年）
D　和林墉老师（中）、关则驹老师（右）在广州（2019 年）

色彩的交响——何坚宁访谈

C

D

格调

A

B

A 何坚宁作品《向武汉医护人员致敬》（45cm×50cm，2020 年）
B 何坚宁作品《信念》（45cm×50cm，2020 年）
C 何坚宁作品《为了明天》（45cm×50cm，2020 年）
D 笔者与何坚宁（2020 年）

色彩的交响——何坚宁访谈

C

D

171

何坚宁艺术年表

Chronology of He Jianning

何坚宁，1960 年出生，海南琼海人。广州画院画家，国家一级美术师，中国美术家协会会员。1982 年毕业于广州美术学院油画系。1991 年调入广州画院。

重要参展获奖与收藏

1984 年	作品《海南风情》获"广东省美术作品展览"一等奖，并入选"第六届全国美展"。
1987 年	作品《故乡梦》参加"阿尔及尔世界文化艺术荟萃"，获中国造型艺术集体金奖。
1989 年	作品《五月》获"广东省建国四十周年美术作品展"优秀作品奖，并入选"第七届全国美展"。
1990 年	作品《菠萝蜜》被广州美术馆收藏。
1994 年	作品《广州地铁印象》获"广东省建国四十五周年美展"铜奖。
1999 年	作品《广州地铁——北京路段》获"庆祝建国五十周年广东美术作品展览"银奖。作品《建设中的广州内环路——东山口路段》入选"第九届全国美展"。
2001 年	作品《大工地》获"建党八十周年广东美术作品展览"铜奖。
2003 年	作品《红色》入选"第二届广东油画展"并获银奖。
2004 年	作品《大工地》被广州市政府收藏。
2008 年	获"2007 年度风尚中国榜新锐画家奖"。作品《春风》参加"广东改革开放 30 周年美术大展"并获银奖。作品《炎炎的夏天》获"纪念改革开放 30 周年"全国画展优秀奖，并被中国美术馆收藏。作品《海港印象作品 8》入选文化部（今文化和旅游部）主办的"全国画院优秀作品展"。

2009 年	作品《阳光·工地》入选"广东省庆祝建国 60 周年美术作品展"并获铜奖。
	作品《阳光·工地》入选"第十一届全国美展"。
2010 年	作品《炎炎夏天》获中共广州市委、广州市人民政府颁发第七届"广州文艺奖"三等奖。
2011 年	作品《荔枝熟了》被广州大剧院永久收藏。
2014 年	作品《欢歌起舞》被法国总统府收藏。
	作品《建设美好家园》入选"广东省庆祝建国 65 周年美术作品展"并获优秀奖。
2020 年	5 月,《生死博弈》《为了明天》两幅抗疫题材的油画作品捐赠给广州艺术博物院。

个展

1983 年	举办"何坚宁画展"。(中国汕头)
1985 年	举办"何坚宁油画展"。(中国广州)
1986 年	举办"何坚宁油画新作展"。(中国广州)
1989 年	举办"何坚宁画展"。(中国广州)
1991 年	举办"何坚宁油画展"。(中国广州)
1993 年	举办"何坚宁油画展"。(中国台湾)
2000 年	举办"何坚宁画展"。(法国干邑)
2004 年	举办"何坚宁油画展"。(中国广州)
2006 年	在广东中山市、珠海市、顺德市(今顺德区)、佛山市举办巡回展。
2010 年	举办"何坚宁油画展"。(法国巴黎)
2011 年	举办"何坚宁个展"。(法国巴黎)
2012 年	举办"何坚宁画展"。(法国巴黎)
2014 年	举办"纵横的阳光——何坚宁油画作品展"。(中国广州)
2017 年	举办"冬日的阳光——何坚宁新作分享会暨艺海堂美术馆迎春展"。(中国广州)
	举办"光色之舞——何坚宁作品展"。(中国广州)

联展（部分）

2009 年	参加"广东省庆祝建国 60 周年美术作品展"。（中国广州）
	参加"第十一届全国美展"。
2011 年	参加"法国六区市政府迎中国新年画展"，展出作品八件。（法国巴黎）
2013 年	参加"回望中国——纪念辛亥革命 100 周年"全国综合美术作品展。
	参加艺术广东"情·景·境——当代南方艺术名家作品展"。（中国广州）
	参加上海艺博会"艺·粤秀——当代南方艺术名家作品展"。（中国广州）
2014 年	参加香港"亚洲当代艺术展"。（中国香港）
	参加艺术广东"艺·汇——当代南方艺术名家作品展"。（中国广州）
	参加"艺术未来——（中山）首届国际青年艺术博览会"。（中国中山）
	参加艺术深圳"象外化物——当代南方艺术名家作品展"。（中国深圳）
2015 年	参加"亚洲当代艺术展"。（中国香港）
2016 年	参加"2016 中国山东国际画廊艺术博览会"。（中国济南）
	"心·象：大音希声，大象无形——何坚宁、邓箭今双个展"。（中国深圳）
2017 年	作品《炎炎的夏天》入选"其命惟新——广东美术百年大展"。（中国北京、广州）
	参加"中韩建交 25 周年文化交流展"。（中国广州）

出版画册

截至目前已出版个人画册共计 78 册。

博观约取·丹青心象
——陈林访谈

他在广州美术学院教育系国画专业教授书画，爱金石、懂治印，博学多才，在传道授业中思考中国绘画的传承与出新。他是画家，画花鸟、人物、山水，写书法，只为能在花鸟画中取得新的认识和突破。他为人爽朗真诚，朗朗的笑声能感染四邻；他热心善助，远亲近邻都喜欢他；他帽不离头，因他已到"聪明绝顶"之年；他是"音乐发烧友"，也是"生活百事通"，汽车、相机、装修、黄花梨家具他都懂；他喜爱足球，说足球赛中有绘画的布局与节奏；他的作品《椰风》被海南省中学生美术教科书收录，他为能给家乡做一件小事而感到高兴。

陈林访谈
Interview With Chen Lin

时间：2020 年 1 月
地点：广州美术学院
记者：杨丽萍（以下简称"杨"）
受访者：陈林（以下简称"陈"）

杨： 您曾有一幅画参加全国美展，而且这幅很有新意的工笔画作品《椰风》被海南省中学生美术教科书收录。这幅画的新意在哪里？您采取了怎样的表现手法？您对这幅作品入选中学美术教科书怎么看？

陈： 当时考虑这幅画要参加全国美展，要有新意，要在方法、技巧和构图上寻找突破。同时，我也受当代绘画色彩画的影响，所以把颜色作为一个主要的突破口。传统工笔画讲究线与色的结合。在这张画里，我把线弱化了一点，增加了装饰线的效果；为了使画面更加强烈，在色彩应用上，我把颜色单纯提炼，比如，画中的这种黄颜色就是专门提炼出来的。后来大家反映，这张画妙就妙在这金灿灿的黄色，为整个金色的椰果增添了强烈的气氛，这是丰收的硕果。这幅画参加全国美展，同行们看了也觉得非常有新意。当时正是改革开放初期，出现了这么一张作品还是出人意料的。

上学的时候我们都有美术课本，学画画都是受课本上一些画的影响。我小时候也想，自己要是能够画成课本上这样，一定是很开心的事。没想到我的这张画被收录了。当时我没见到这个课本，是我的学生打电话告诉我，问这张画是不是我的作品。后来，我才看到这个课本，感到挺欣慰的，毕竟能够服务社会。

杨： **据说您上小学时羽毛球打得非常出色，为什么后来不打了？又是什么原因让您走上了绘画之路？与打羽毛球有关吗？**

陈： 以前打球是因为爱好体育运动。当时的海南黎族苗族自治州体校羽毛球班来我们自治州第一小学选拔运动员。因为体育老师曾教我打过羽毛球，所以去参加选拔的时候，我就做了一些打球的动作给教练们看，他们觉得我很机灵，于是我被招进体校打了四年羽毛球。与此同时，我也喜欢画画，画画主要是以自学为主。以前五指山文化馆有美术学习班，这些班都是提高班，都是广州美术学院毕业的老师任教，我经常去看他们写生。那些写生点我都比较熟悉，所以每次有画家或广州美术学院的学生来写生，文化馆就叫我带他们去，我因此也有机会把自己的画给他们看，向他们请教。那时，我就想当画家，也知道想当画家就要去广州美术学院学习。但对于那个年纪还从来没离开过大山的孩子来说，广州美术学院挺遥远的。

陈林作品《花岭》（68cm×136cm，2015 年）

我印象最深的是1976年到广州打羽毛球比赛，有一个广州教练带我们去他家。我看到隔壁家有个小孩在画静物，就问他多大年纪、在哪儿学画画。他说在少年宫学的，他跟我年龄差不多、画画水平也差不多，画得很不错。遇到那个画画的孩子，对我刺激蛮大的，我就特别想画画，总觉得可以画得更好。后来，我受了伤就不再打球了，于是专心画画，全力以赴考广州美术学院。看来，打球这个爱好跟我与美院结缘还有点关系。

杨： 1981年，您考入广州美术学院。在美院，您如鱼得水，在学校里也是小有名气的"小星星"，在绘画上思想活跃，还玩出了一些新效果。短短几年，您先后在《素描》《画廊》《南方周末》等报纸、杂志上发表了不少作品，甚至还举办了个人画展，能介绍一下吗？

陈： 在美院的时候，我画的石膏像素描作品《拉奥孔》发表在当年全国高校杂志《素描》上。当时发表的都是写意画，中国画作品较多的是发表在《南方日报》文艺版上，《海南报》就更多了，还有一大批画是在《花城》杂志上发表的。因为小有成就，大家就觉得很不错，我就被称作"小星星"。当时，在广东省美术家协会的推荐下，我还举办了"星河展"个人展览。

杨： 20世纪80年代，广州美院在美术教学以及激励学生创新方面都给了很大的个性创作空间，是吗？当时美术界掀起的"85新潮"，您有没有受到很大的冲击和影响呢？

陈： 当时整个中国画坛看上去比较陈旧，老一套的东西比较多，以创新为主题的"85新潮"出现后，整个美术界震动比较大。当时，在广州美院不像在北京、上海的美术院校影响那么大。但是，广州美院也出现了"后岭南"派，我也参加过该流派的一些展览。因为我画中国画，想追古，所以后来也不再参加"后岭南"派的活动了。

杨： 这一时期，您的作品《椰苗》《无名花》《乾坤清气化春来》等很受关注。这些作品生机勃勃，充满对生命的追求与歌颂，它们能否代表您在中国画领域探索出新的觉醒和尝试呢？

陈： 《椰苗》是我的一张毕业创作，参加了广东省美展。从此，我开始了艺术探索的旅程。后来的《椰风》表达了我对生命的一种追求，再后来，《乾坤清气化春来》也是对生命的一种表达。人对生命的追求和歌颂历来都是文学艺术作品的一个主题，我们都在不断地追求生命的价值。

杨： 1985年，您以优异的成绩毕业留校任教。这对一名热爱艺术的学生来说，是既幸运又任重道远的事情，您当时的心情怎么样？有没有想过回五指山？

陈： 毕业留校是没想到的事情，原来跟我说是到海南大学工作，后来宣布留在学校了，我没有感觉特别兴奋，就觉得一切好像跟回海南大学教学一样。当时我想过要回五指山去，觉得那里应该可以搞创作。关于生活方面的很多东西好像不属于那时的考虑范围，考虑的都是哪个地方可以搞创作，哪里有创作素材就到哪里去。

杨： **您在广州美术学院任教、成家，生活也算平顺、安逸。但是，您在绘画艺术上还是非常勤奋，而且涉猎广泛，比如写意、工笔、人物、花鸟、书法、篆刻等。您的博学仅仅是为了教学吗？您在教学方面的理念是什么？**

陈： 学这么多，想这么多，探索、研究这么多，不只是为教学服务。高校的教学主要是基础的东西，每个人都有一个专项。而我主要想丰富和提高自己的学养，为了更好地创作。创作做得好，反过来又会影响和促进教学。我们的学生来自五湖四海，他们的想法千奇百怪。正是因为有这些丰富的知识，才能给学生的毕业创作提供更好的指导，辅导起学生来也会觉得更轻松。

在基础教学中，因为我是教国画课的，讲究一定要追古，就是从画面来说，一定要有传统的这部分，强调传统的学习，要求学生一定要深入扎实地学好传统的基础知识，这是最基本的一个教学理念。如果没有扎实的传统基础，以后的艺术之路走起来就会困难重重，也很难创作出优秀的作品。

另外，现在画画的人多学点文化课，多认识一些东西是好事，但是还要去思考、去感悟，不断提高自己的修为。绘画艺术的最高境界是文化修养，在文化修养的比拼过程中，不能把文化修养理解得太狭隘，理解成文化常识和文化知识部分。这部分文化的获得和拥有，实际上只能说你的记忆力好，大脑储存了很多东西，但还没有"越狱"。就是说，知识渊博的人不见得是一个聪明的人，真正聪明的人是最会应用知识的人。六祖慧能是个不识字的人，但他的悟性很高，如果按照现在的考试成绩他肯定是不达标的，但他是一个智者。

杨： 据了解，您当时在广州美术学院玩篆刻治印也很有名气，得您治印的老师不少吧？您当时最得意的篆刻作品是什么？

陈： 不算少。我们学院的李正天教授，现在估计有80多岁了。以前给我们上过课，他那时候听说我刻印刻得还不错，就找我帮他刻一枚"大美无言"。刻完后，他非常满意，跟我说他很喜欢、很珍惜，每画完一张画或者写好一幅书法作品，都会用这枚印章。现在他已经退休很多年了，我则在新校区上课，所以在老校区碰到他的机会也不多，偶尔碰到，他仍然会说起我给他刻的那枚印章。

杨： 据说，您还是一位"生活百事通"，懂音响、汽车、相机、足球、装修材料、黄花梨家具等，您也是一位"音乐发烧友"，正是您把自己的朋友何坚宁带上音乐这条"不归之路"的，他说很感激您。还有朋友说买车、改装车也找您。这些您都研究过吗？

陈： 哈哈，我是"万金油"嘛。音乐我一直喜欢。当年，音响器材在国内还不是很普及。因为广州毗邻港澳地区，香港很多资深的音响专家都来广州做讲座，受他们的影响，我就喜欢上了音乐播放器材，成了"音响发烧友"。此后，我就对传播优美声音的音响器材有了追求。在朋友圈里，何老师受我影响，也是因为他喜欢音乐并且需要音乐，所以我很顺利就把他带上了这条"不归之路"。我觉得这对他来说是一种幸福。

　　对汽车的兴趣主要是因为小时候我家旁边就住着一个小车司机班，就是以前在政府为领导开车的司机。我看他们经常修车，拆卸车上的零件，便对汽车产生了浓厚的兴趣，常跟他们混在一起，边看边玩。改革开放后，我国汽车产业迅速发展，我就开始琢磨研究汽车。再后来自己有条件了，也买了一部车来琢磨改装。同事们觉得我好像很专业，其实我只是比他们早一点懂这些东西，所以他们买车的时候就找我帮忙看看，出点主意。

杨： 您在生活中如此热爱五花八门的东西，甚至花时间去琢磨、去研究，您对生活的热情可见一斑。这些爱好对您的绘画研究有帮助吗？

陈： 我觉得有一定的影响和启发。比如，足球对我影响是很大的。我认为，绘画对美的感知跟踢足球一样，两者都注重对节奏的把握。我们看到很多教练在一场球赛中，很注意节奏的掌握和变化。绘画中节奏也是非常重要的，如果节奏把握不好，画面就会凌乱，而且不生动。这是一样的道理。苏联大提琴演奏家罗斯特罗波维奇曾经说过，世间的事物互相之间总是有关联的。这句话对我触动很大。也有人对我有这么多爱好感到疑惑。其实，我想在这里面寻找它们之间的关联到底是什么，然后从不同的角度启发自己，在绘画研究上，一条路走不通的时候，换一个思路来看看能不能行得通。事物之间节奏的把握实际上都一样。

杨： 对线条、色彩、墨色与"笔墨"问题之间关系的重新思考和理解，都是您这一时期的思索与实践吗？《晨露》《怒放》《藕花秋露》等作品都有些新意，您能否介绍一下这些画的特点？

陈： 对于"笔墨"的提出与理解，在文化历史的发展过程中，文人画的出现是最好的解读。这些作品，我采用的是写意画的表现形式。在构图布局上，比较铺张饱满，营造一个比较醒目的视觉效果；在技法上，加入了丰富的线条、色块和山水画的一些皴擦技法的运用，多层次的渲染产生了意想不到的效果，使得画面活跃、生动，充满生机勃勃的气息。

杨： 您女儿的名字与您入选全国美展的作品《晨露》有什么关系吗？

陈： 《晨露》这张画当年参加了全国美展。它是一张写意画，画的是

陈林个展"星河展"现场(1989年)

早晨阳光下的荷花，荷花上的露珠在阳光下晶莹剔透，显得生机盎然，亭亭净植，勃勃生辉。正好女儿也是早晨出生的，我觉得这幅画的寓意非常好，就给女儿起了一个跟这幅画谐音的名字。

杨： 时下在对中国画路向问题的思考中，很多人认为中国画要"创新"，要另辟蹊径。您对"创新"这一说法颇有自己的看法，认为"推陈出新"更加确切。为什么呢？能解释一下吗？

陈： "继承"与"出新"是中国画坛一直以来争论的问题，如何"继承"和"出新"？对画西画，我们了解得并不太透彻。对中国传统文化来说，我们的文化是有血脉传承的，是源源不断的，我们的历史文化没有间断过。经历了这么多年到今天，它每一个时间段的脉络都非常清晰，而且这种清晰的脉络里面都有一个继承的关系。我认为继承是非常重要的。继承就需要我们对传统文化有一个学习的过程，学习以后再寻找突破。不是把原来的东西抛掉，而是要吸取它最精华的部分，并在这个部分里面做新的东西。我想，最能表达这个新的东西的词叫"出新"。而"创新"不一定要有这个继承的部分，它可以另辟蹊径，重新开辟一条路子来完成要做的东西。所以，我觉得苏东坡说的"出新意于法度之中，寄妙理于豪放之外"这句话非常有道理。"百花齐放，推陈出新"是毛泽东1951年针对中国京剧革新和发展提出的。我认为，"推陈出新"也适用在绘画艺术上，"出新"也不失为一个很好的词，我想通过我的艺术实践和分析来践行"出新"。

中国文化博大精深、源远流长，不是说我想把它抛掉它就能被抛掉的。所以，要把中国文化，特别是中国画这部分做得好，唯一要走的路就是"继承"和"出新"。

杨： 当您的花鸟画逐渐形成了自己独特的风格，而且这一时期的作品很受大家喜欢的时候，你却转而去画人物了，为什么？

陈： 为了寻找一个"出新"的办法。学人物也是为了丰富画花鸟画，涉及的门类多一点，也许会更容易有突破吧。而我在艺术方面就想尽力而为，做点力所能及的事。目前，我还是在寻找"出新"的路上。

杨： 您曾写过一篇论文——《中国人物画的笔墨转化与出新》，并对人物画做了大量的探索、尝试。有评论家说，您创作的一系列人物画作品非常有意蕴之美。您主要是以哪几个方面作为突破口的？

陈： 画中国人物画也是表现现实题材的一个做法，前辈们做的时候是双钩填彩的造型方式。我就想，能不能用颜色通过没骨画的方法去表现呢？也就是说，将写意花鸟画中人们常用的没骨方法介入写意造型这个课题里。后来，我就大胆尝试，大量采用没骨的方法画了一批人物画，有女人体和人物。其中，有一幅《假日闲情》是我这一时期的代表作，也是采用没骨加一些彩墨的方法创作的。

杨：　当您的人物画受到绘画界好评的时候，您又回到了花鸟画的墨色中。您认为，中国画的新路既要与古人拉开距离，又要保留古人绘画中的神韵，为什么不能忽视"笔墨"？

陈：　画来画去我的最终目的还是想画花鸟画。我觉得，有花鸟的世界才是最美好的世界。在花鸟画这个题材里寻找一个理想的天地，是我一直坚持做的。不管是画人物还是画山水、写书法，我始终围绕着花鸟。我觉得花鸟的天地里面太丰富了，而且也很美好。中国传统画中有很多富有寓意的东西，花鸟的寓意更丰富，也更有生命力，所以又回到了画花鸟。而这个时候，我的创作更单纯、更纯粹了，不像原来用彩墨比较多，现在基本上使用墨色来提炼画面。

　　"笔墨"不只是工具、材料和技巧，它更是中国绘画的一种精神，涵盖的文化面比较广。它在中国画里面是绕不开的东西，是中国画的核心。然而，对于"笔墨"的理解，每一个人都有不一样的解读。那么，中国画的笔墨精神到底是什么？每一个画家都在苦苦地追寻着，并且用自己不同的理解、不同的呈现方式来解读"笔墨"，创作了很多好作品。如果说一幅画没"笔墨"，可它明明是用笔和墨画的呀，怎么就没有"笔墨"呢？那是说它缺失了精神层面的东西，缺失了对中国文化的理解。今天大家都想创新，如果在继承传统方面学得不好，做得不好，那么，"出新"是很难做到的事情。

格调

陈林作品《热风》（156cm×149cm，1989年）

博观约取·丹青心象——陈林访谈

陈林作品《乾坤清气化春来》（136cm×136cm，2008 年）

195

杨: 您一直在研究书法，您认为线条是中国画的生命线，是核心，所以您试图在书法线条的舞动变化中找到中国画的新路径。能谈谈您的理念和观点吗？

陈: 用线、笔和墨来塑造形象，是我要思考和理解的笔墨关系。当心与之交融就外化了，也就是我理解的"心象"。"心象"产生的精神层面与笔墨技巧结合的画面，就是作者传达的精神追求。除了用眼能看到的客观外在形象之外，每一个人的内心都有属于自己的象，心象能否体会到、能否表达得完美和高明，那就得看他的学养、悟性了。

　　"笔墨"跟"线条"之间的关系可以说是中国画的命脉，因为我们的文字始于象形文字，视觉上就有图像和画面感，历代文人用不同的线条来写这些文字，使它形成了一种形象——书法，书法作为一种很好的文化遗产保存和传承了下来。

　　有个外国小女孩想学中国文化，我问她为什么，她说，中国人说话像唱歌，写字像画画。我想，这就是小孩的直觉，直接感知到了我们文化载体上面的东西，她说我们的字像画，这很形象、很直接。

杨: 如今，您兜兜转转又回到了20多年前研究、探索的水墨花鸟画中。这次开始单纯的水墨尝试，而且已经创作出风格独特的作品。能介绍一下您现在的绘画作品和您的艺术观点吗？

陈： 日本画家平山郁夫在画北京故宫的琉璃瓦时，用颜色画出来之后，总感觉画面有点问题，后来他想到了中国人的笔墨观，中国人都是用墨来画山画水的，他起初不理解这其中的奥妙在哪里。然后，他尝试着用黑白画了琉璃瓦，结果画出来以后他发觉非常妙。这一刻，他终于理解了为什么中国人一直认为水墨画的效果有那么高的精神境界。

往往外国人来尝试我们的东西，他们的感受可能更直接。他们真正感受到了我们传统文化的魅力，而我们从小到大接触黑白的墨色，早已习以为常，当纯美的东西在身边的时候，并没有发觉它的美。"只缘身在此山中"，身在其中不知其美。我们的文化那么好，但长期以来，我们置身其中却没有发现它很好，它的美被忽略了。我们画了一段时间后回过头才发现，它是高度提炼后形成的东西，太单纯了。后来，我尝试着创作了一幅《新生》，感觉也是很不错的一幅画，参加广东省美术展览时反映很好。我有位同事在学生毕业作品展览的时候，把这幅画介绍给学生学习，说这是陈老师画的，并让我给大家介绍经验。他们问我是受什么启发，怎么创作出这幅作品的。我说，我带着学生去植物园写生的时候，看到地面上有一片植物，感觉生机勃勃，第一眼就觉得大地上生长的这些东西很奇妙。我就想，它为什么长这些东西，而且给人一种有很强的生命力的感觉。当时灵感突现，这就是我很想表达的那个东西——生命力。回去以后，我就把这个感受又画了一遍。"水墨"的生命力很强大，只要我们应用好，认真地画，它里面有无穷的魅力。我想，只要是中华文化在

格调

在法国凯旋门（2000 年）

那里，任何人就都绕不开、躲不掉这种"水墨"。有很多美感，能不能发现它，发现后能不能再创造出一种新的表达方式把它表现出来，这正是我一生都在苦苦追求的。

杨：您在艺术之路上不断探索出新，但又不断地否定自己的成果。科学家必须要有求真的扬弃精神，然而，艺术不同于科学，它的答案千差万别，不分对错。您怎么看艺术之路上的扬弃？

陈：不断地否定自己，那还是因为一个心态，就是不满足，总觉得做得不够。做一段时间又放弃，那说明它不是我想要的一个更好的呈现方式，不能为画面服务或者为画面服务得让人不够满意，也许别人还有别的方法可以介入，所以我就会否定原来做的东西。我想，不断地否定，应该是因为自己能够看到存在的问题；不断地否定自己，也是真心追求绘画艺术的虔诚态度。

杨：您从事美术基础教育30多年了，除了教学，您几乎把全部的精力都放在了探索、研究、琢磨中国画的"推陈出新"上。您还在寻找更为恰当的艺术语言来表现海南精神吗？

陈：我一直在寻找一种能表达海南精神的艺术语言，如果真的找到了，那么这个作品会启迪更多的人。但是，我现在还没有找到，也许没有那种才能。我也一直想找某种符号化的东西，看自己能不能创造出来，然后根据这种东西传递一种精神。我以前创作

《椰风》《椰果》《椰苗》时就是这个思路，但总是为找不到更好的切入点而困惑。所以，我一直在寻找更好的突破口和表现形式，我还将继续寻找能够表现海南的艺术语言，以表达海南精神。

杨：据了解，您还有个爱好是利用假期去各地博物馆看历代绘画、书法专题展。看原作对您的创作很重要吗？

陈：过去要去一趟北京，去一趟台北故宫博物院都很难，现在的交通工具很多，非常方便。展览也多了，过去看不见的古董、看不到的古代绘画作品原件，今天都能有机会去看。这是学习的一个最好的途径，活到老学到老，艺无止境，艺路无坦途。所以我想在还有精力、有体能的时候，多走走、多看看，这也可以丰富我们的绘画经验，提高自身的修养。

杨：艺无止境，如果您在艺术之路上的执着追寻没有太大突破，也没有太多收获和成就，您会怎么看待这样的结果？

陈：至今我也没创作出惊艳的作品，如果按照50岁才刚入门的说法的话，我还年轻嘛。人家说，画中国画是画年龄，画中国传统绘画，特别是写意画的人，都是年岁很高才出成果的。他们年轻的时候也是很普通的绘画工作者，都是待到通会之际，方能人书俱老。我们看到很多大家年纪都比较大，无论是黄宾虹还是齐白石，他们都是70岁、90岁才出成果的。有些画家50岁才刚刚入门，我们50岁就想有成绩，这跟他们好像差距太大了。不过，世间哪有那么多成功者，对我来说，绘画是自己喜欢从事的事业，要把绘画理解好、做好是一辈子的事情，而这个过程实际上也是一种很美好、很愉快的经历。

杨：您离开海南很多年了，您早期以故乡的植物为元素创作的《椰风》《椰果》《椰苗》等作品，都表达了您浓浓的乡情，但您后来的作品中没有很明确的海南植物元素了。那么，故乡还是那个让您魂牵梦绕的地方吗？

陈：几十年过来，家乡情结一直装在我心里，放不下、忘不掉；还有童年的记忆，都太美好了。以至于我这几十年的创作中总是没有遗漏家乡的风物——椰树、椰果、菠萝蜜等。也许是因为离开家乡的时候年纪太小，也许是应了那句话——离开了家乡才开始怀念家乡，有家乡这个概念，最初的十几年我一直没有在乎过家乡的美。后来，走的地方多了，游览了人们都向往的所谓"最美海岸线"——秦皇岛、澳大利亚黄金海岸、夏威夷，等等，才发现，其实，海南的海岸线最漂亮。目前，我开车已经走过了半个中国，走的地方越多，看的美景越多，越是忍不住要说，"谁不说俺家乡好"。现在，我和夫人一有假期就会回海南。海南有欣赏不完的美景，有兄弟姐妹，有我们的家。

草木皆有情。作为画家，我的乡情我想通过作品中的花草树木来表达。以前，我创作了一系列海南椰树题材的作品，而现在，我寻找的艺术语言也许更丰富，可能不会局限于只有家乡特点的植物元素。因此，直到现在，我仍在寻找一种可以表达海南精神的艺术语言。

在埃及卢克索神庙（2003 年）

附

陈林小传
Biography of Chen Lin

陈林，任教于广州美术学院教育系国画专业，博学多才，爽朗真诚。从教30多年，在传道授业的同时，也在思考、探索中国绘画出新的问题。他在绘画创作中做过很多尝试，有成果也有迷茫，有挣扎也有发现，前路漫漫，但他充满自信。

陈林1962年6月出生于海南乐东，7岁那年因父母工作调动，来到五指山市。年幼的陈林自信、机灵、乐于助人、爱好广泛，一双好奇的眼睛充满了求知欲。小学时的陈林就显露了他的运动天赋，当时的海南黎族苗族自治州体校羽毛球班到陈林所在的自治州第一小学选拔运动员，因为他动作灵活、反应机敏，被招进体校打了四年羽毛球，教练经常让他给其他运动员做示范。本来是一个种子选手的料，却因受伤而专心画起了画。当然，他是有绘画天赋的，而他的热心、好学也为他的绘画启蒙架设了通道。那时，五指山是画家们常去写生的地方。每当他们去写生时，陈林都会跟着去看人家画画，然后在家自学。久而久之，那些写生点他都熟悉了。后来，只要有画家或广州美术学院的学生来写生，文化馆的工作人员就叫他带路。他也把自己的画给画家们看，向他们请教。广州美术学院、画家梦就在此时种在了他心里。这个梦对一个从没离开过大山的孩子来说，的确有点遥远。但是只要心中有梦，路途再远也能抵达终点。

1981年，陈林终于如愿以偿地考入了广州美术学院。虽说是山里的孩子，但对于美院的各种绘画他并不陌生。他的绘画才能脱颖而出，像一颗熠熠闪烁的星星展现在大家面前。他的素描作品发表在当年全国高校杂志上；不少写意画、中国画作品陆续在《南方日报》文艺版、《花城》杂志上发表。他成了大家眼里名副其实的"小星星"。在广东省美术家协会的推荐下，他还举办了"星河展"个人画展。

1985年毕业后，陈林留校任教。除了教学，他心中的"画家梦"催促他不可懈怠。1987年，他的油画作品《故乡椰树》（合作）入选首届中国油画展。他运用不同的材料和画法在宣纸上漫游，倒也创作出一些与众不同、很有新意的作品，如《小岛》《无名花》《菠萝蜜》，不一般的画法和效果得到了老师们的称赞。1989年，他的国画作品《晨露》《热风》入选第七届全国美术作品展。其作品呈现出生机勃勃的气象，颇受画界好评。1991年，广东电视台《艺术长廊》节目《春天的故事》专题介绍了陈林及其作品。

中国画是一个庞大的体系，它涵盖了广泛的文化内容，要想从传统中创造出一点新意，的确不容易。陈林深知其难，只有厚积，才可薄发。所以教学之余，他全情投入花鸟画的研究和学习中，并在书法、山水画中跋涉，在金石治印里摸爬。他的治印很有特点，在广州美术学院小有名气，许多老师都有他刻的印章。

陈林从风华正茂到而立之年,一路走来,求新求变是他的创作理念,无论画幅大小,题材转换或重复,陈林的画总能透出一种生机,他非常注重用墨用色的"鲜"和运笔的"活",尽管这种"鲜""活"是以牺牲"凝重"和削弱"古意"为代价的。但"活"似乎贯穿他作画的始终。他的《处处芳菲》《洁荷》《独放》《藕花秋露》等一批作品亮相后,备受好评并被收藏。

"知不足,然后能自反也。"陈林在中国画领域跋涉得越久,就越觉得中国文化的博大精深,越觉得自己的微小。进而,他又转向研究中国人物画,并撰写论文《中国人物画的笔墨转化与出新》,利用自己掌握的技法和学识,大胆尝试,将写意花鸟画中的没骨方法,介入人物写意造型,并加以彩墨。《假日闲情》就是这一时期的代表作。

2000年,他入读中央美术学院研究生同等学历班。此后,他对中国画的认识更加深刻,他的教学理念也更加成熟。他认为,学习中国画一定要追古,就是画面要有传统的部分,他也强调传统的学习,要求学生深入扎实地学好传统基础知识。他认为,没有扎实的传统基础,以后的艺术之路走起来会困难重重,也很难创作出优秀的作品。

不惑之年,他放弃了人物画,再次回到了花鸟画的研究上。他重视苏轼"出新意于法度之中,寄妙理于豪放之外"的观点,更注重笔墨和线的关系,在绘画上提出"借古出新"的创新理念。他的画布局和笔墨显得较为铺张、饱满,营造出一种醒目的视觉效果。正如画家安林所说,陈林"画兴所致,横涂竖抹,颇为豪爽，绝少负担。水墨浑然处常泼彩涂色，倒也相互协调，交相辉映，可谓大胆却没有忘形"。这也显出了陈林豪放而又谦卑的性格。陈林的画虽然还没有完全形成自己的风格特点，却是他几十年积累渐变的结果。

在多年多样的探索中，陈林发现中国画黑白水墨中蕴含的能量和意境是其他颜色都无法替代的。最近几年，他将目光转向了更为纯粹的水墨。他创作的纯水墨国画作品——《新生·之一》《新生·之二》陆续获奖，引人关注。他说自己还年轻，还在寻找"出新"的路上。

陈林的好学与博学不仅体现在绘画上，还体现在他热爱的生活中，他懂音响、足球、汽车、相机、装修材料、黄花梨家具等。他说，在专业和生活中获取知识、丰富阅历、提升修养都是为了在绘画艺术上寻找到突破的路径。

格调

A 课堂写生（1984 年）
B 在广州从化乡间写生（2018 年）
C 广东美术家协会"星河展第 39 回'陈林作品展'"上与妻子在展厅（1991 年）
D 在海南文昌东郊上园林写生（1985 年）

博观约取·丹青心象——陈林访谈

C

D

211

陈林艺术年表
Chronology of Chen Lin

陈林，1962 年 6 月出生，海南文昌人。广州美术学院教授，中国美术家协会会员。1981 年，考入广州美术学院。1985 年，从广州美术学院毕业并留校任教至今。2000 年，入读中央美术学院研究生同等学历班。

重要参展获奖与收藏

1987 年	油画《故乡椰树》（与何坚宁合作）入选首届中国油画展。（中国上海）
1988 年	国画作品《椰苗》《菠萝蜜》入选绿化广东画展。（中国广州）
	国画作品《映日》入选"博雅·中国画大赛"并获奖，后被收藏。（中国深圳）
1989 年	国画作品《晨露》《热风》入选第七届全国美术作品展。
1990 年	国画作品《独放》参加"中国当代书名家墨宝大展"。（中国武汉）
1991 年	国画作品《处处芳菲》入选"庆祝中国共产党成立 70 周年广东省美术作品展"并获铜奖，后被广东美术馆收藏。（中国广州）
1992 年	国画作品《洁荷》参加"第五届中国当代花鸟画家作品展"。（中国武汉）
1994 年	10 月，国画作品《藕花秋露》入选"广东省庆祝建国四十五周年美术作品展"。（中国广州）
1998 年	作品《椰风》收录在海南省中学美术课本里。
1999 年	8 月，国画作品《假日闲情》入选"庆祝中华人民共和国成立 50 周年广东省美术作品展"。（中国广州）
2007 年	5 月，素描作品《老人》入选"广州美术学院第八届素描大展"并获优秀作品奖，后被广州美术学院美术馆收藏。（中国广州）

2008 年	8 月，国画作品《乾坤清气化春来》入选"纪念中国改革开放三十周年广东省美术作品展"。（中国广州）
2009 年	作品《菠萝蜜》被收录在广东省小学美术课本里。
2014 年	11 月，国画作品《新生·之一》入选"丹青墨语——广东省高校中国画作品学院展"并获二等奖。（中国广州）
2015 年	3 月，国画作品《清夏》参加"水墨心象"广州美术学院师生作品展，被关山月美术馆收藏。（中国广州）
2017 年	11 月，国画作品《新生·之二》入选"第十三届广东省艺术节优秀美术作品展"。（中国广州）
2019 年	12 月，国画作品《和和美美》参加"同源流异"广州美术学院海南校友会展览。（中国海口）
2021 年	11 月，国画作品《花吟》参加"师表·不惑"教育学院四十年展览。（中国广州）
2022 年	3 月，国画作品《幽谷清音》《花聚》参加"同源异彩"展览。（中国广州）

个展与经历

1989 年	1 月，举办个展——广东美术家协会"星河展第 39 回'陈林作品展'"。
1991 年	广东电视台《艺术长廊》节目《春天的故事》专题介绍陈林作品。

画册出版

2005 年	6 月，《当代美术家艺术与生活——陈林》（海南出版社）。
	7 月，《高等美术学院教师示范作品集——陈林素描》（岭南美术出版社）。

格调

五位画家合影（左起：陈林、陈海、汤集祥、陈新华、何坚宁）

后 记

从事记者工作20多年，我采访过各行各业的人物，其中不乏社会名人和文化名人，而对艺术家、画家的采访总是最令人愉悦和心生向往的事。也许这源于我对绘画艺术的热爱和敬畏。当我以广东省海南联谊会艺术委员会副秘书长的身份受邀采访书中这五位艺术成就卓著的画家时，我内心既激动又惴惴不安。

《格调》主要以访谈的形式采访了五位著名画家。他们都是从海南走出去的佼佼者，他们都曾以故乡为母体创作过在全国有很大影响力的优秀艺术作品。如何能在访谈中再现五位画家饱满、立体的人生历程和艺术之路呢？我翻阅了他们大量的画册和相关的艺术评论文章，做了细致的功课，对他们的创作风格和艺术之路有了一定的了解。我的访谈试图从画家沧海桑田的人生经历中，找到他们艺术思想、艺术语言的形成或变化轨迹。

2019年12月，我来到广州进行了为期一个多月的采访。采访中，我发现了他们之间的共性：勇于承担困难的责任感、负重前行抗争命运的执着，还有对精神自由、艺术表达的自我追求。在漫长的生命历程和社会发展的历史长河中，五位画家将艺术融入生命，融入生活。他们平易近人，面对我提出的一些敏感问题（这些问题可能是常人避讳的灾难和痛苦），他们平静而坦然地娓娓道来；采访中还涉及很多绘画专业知识和艺术哲学问题，这使我受益匪浅。他们兴趣广泛，热爱生活，对时代和艺术保持高度敏感，从而创作出了反映时代发展变化的艺术作品，在中国艺术发展史中留下了独特的印记。

原计划2020年下半年在《格调》出版的同时，在海南举办以"格调"为主题的五位画家作品联展。但因突发新冠肺炎疫情，《格调》出版搁置，联展延后，这一放就是两年多。在这两年多的时间里，五位画家在他们的艺术世界里，又创作出了更多更新的作品。何坚宁听唱片、喝茶、聊天，悠然自得。他在自己艺术的理念中游刃有余地切换艺术的表达，创作出抗疫题材《生死博弈》《为了明天》等作品并捐赠给广州艺术博物院。他每年都会轻松地出版一两本画册。陈海以更为自由的方式放飞自我，追寻着他的艺术理想。他的"无声艺术计划"系列从大漠到海岛，还将走进冰川……在大自然鲜有人踏足的区域，他实践了艺术表达的一种方式。陈新华在自己的"桃花源"里孜孜不倦，将艺术融进了生命，不惜为艺术穷尽毕生精力。汤集祥在"游戏（百变）字画"中寻求自己的艺术表达方式。陈林除了在教学岗位上兢兢业业地传道授业解惑，仍然还在寻找和突破自己的艺术表达方式。

在开始采访到完成《格调》的日子里，我时时被一种艺术的力量激荡着、陶冶着，被一种艺术人生的魅力感染着、影响着，这种感情在不断地升华。

从采访到本书的编辑出版，我得到了五位画家的支持、帮助和指导，陈海老师更为此投入了大量时间和精力，在此表示诚挚谢意。特别感谢广东省海南联谊会的精心策划和大力推动，并将此书纳入"岭南筑梦"丛书。感谢广东省海南联谊会执行会长罗罡、副会长兼常务副秘书长谢冠芳给予我强大的精神力量和大力的支持、帮助。另外，有两位画家的粤语口音比较重，我这个土生土长的西北人，在采访中有时会听不明白画家的表达，广东省海南联谊会的陈统一、罗森、欧阳瑞祥不仅协助我采访摄影，而且充当了翻译的角色，在此表示诚挚感谢。还要感谢张余乐、钟创华为我提供了画家翔实而又丰富的照片等资料。感谢杨小满、谢耿、钟季君、宋慧敏、李东海等朋友的支持和鼓励，还有中山大学出版社副总编辑嵇春霞的指导和支持，以及朋友们和工作人员为本书出版付出的劳动。这些都令我感念至深，在此一并深表谢忱！

由于笔者的学识和能力有限，书中难免挂一漏万，敬请大家不吝赐教。

2022年6月30日于文澜江畔